Feng Shui

AUTOR: GÜNTHER SATOR

Inhalt

4 Feng-Shui-Praxis

- 5 Feng Shui für den Westen
- 6 Was ist Feng Shui?
- 6 Die Lebensenergie »Chi«
- 8 Was zeichnet Feng Shui im Garten aus?
- 10 Welcher Garten passt zu mir?
- 11 Info: Der Garten als Tanzplatz des Chi
- 12 Für Harmonie und Ausgleich: Yin und Yang
- 13 Info: Die vier himmlischen Tiere
- 14 Die Fünf Elemente – Kräfte der Natur
- 14 Das Wesen der Fünf Elemente
- 15 Die Fünf Elemente im Garten
- 16 Der Fünf-Elemente-Kreislauf
- 16 Hemmender Zyklus der Kontrolle
- 16 Fördernder Zyklus der Schöpfung
- 16 Die Elemente ins Gleichgewicht bringen
- 17 Beispiel: Warum Wasser Erde braucht
- 18 Das Bagua – Spiegel des Lebens
- 19 Was das Bagua uns sagt
- 19 Info: Gärten mit Ecken und Kanten
- 20 Die neun Bagua-Zonen
- 22 Rundum genießen: ein Garten für die Sinne

24 Den Garten prüfen

- 25 Bestandsaufnahme mit Feng Shui
- 26 Was herrscht vor, was fehlt?
- 26 Die Elemente prüfen
- 26 Das Bagua prüfen
- 26 Info: Wie geht man beim Prüfen vor?
- 30 Die Fünf Elemente stärken
- 31 Element Holz
- 32 Element Feuer
- 33 Element Erde
- 34 Element Metall
- 35 Element Wasser
- 36 Das macht Bagua-Zonen stark
- 36 Wissen: den Zugang zur inneren Stimme öffnen

37	Karriere: dem Erfolg auf die Sprünge helfen	52	Belastungen und Lärm abschirmen
37	Hilfreiche Freunde fördern	53	Schneidendes Chi unterbinden
38	Familie: Beziehungen klären	54	Kleinheit überwinden
39	Zentrum: das Chi sammeln	56	Alles was man braucht, aber was stört
40	Kinder: Kreativität fördern	57	Info: Grüne Paravents aus Kletterpflanzen
41	Reichtum: Chancen erkennen		
42	Ruhm: Anerkennung finden		
42	Partnerschaft: Gemeinsamkeit fördern		

44 Den Garten verändern

45 Zeit für den Wandel
46 Der Vorgarten: ein harmonischer Empfang
46 Der ideale Gartenweg
48 Hängen und Böschungen Halt geben
50 Licht und Weite in den Garten bringen
51 Info: Mehr Chi und Licht: Gartenspiegel

Extras

28 Der Garten als Spiegel der Seele
58 Glossar
60 Register
62 Service
64 Impressum
Umschlagklappen:
  Accessoires für den Feng-Shui-Garten
  Die 10 GU-Erfolgstipps
  Die Bagua-Folie

Feng-Shui-Praxis

Immer mehr Menschen sind von der uralten fernöstlichen Lehre des Feng Shui überzeugt. Ziel dieser Tradition ist es, nicht nur im Haus, sondern auch im Garten einen harmonischen Energiefluss zu schaffen und so das ganze Leben positiv zu beeinflussen.

Feng Shui für den Westen

Feng Shui hat eine jahrtausendealte Geschichte. Die Lehre entstand aus dem engen Kontakt der Menschen mit der Natur und dem Deuten ihrer Zeichen. Diese Kenntnisse waren und sind jedoch nicht auf die fernöstliche Kultur beschränkt. Sowohl unsere Ahnen als auch die Vorfahren aller anderen Kulturen wussten, dass das Schicksal des Menschen wesentlich von der Natur mitbestimmt wird. Die täglich neue Abhängigkeit von den Wettereinflüssen prägte ihren Alltag. Auch die umgebende Vegetation und die Landschaftsformen mit schützenden Rückzugsmöglichkeiten hatten große Bedeutung.

Aus Erfahrung wurde Weisheit

Aus Beobachtung und intuitivem Reagieren auf die Zeichen der Natur entwickelte sich schon vor langer Zeit ein umfassendes Erfahrungswissen. Dieser Prozess fand nicht nur im Fernen Osten, sondern voneinander unabhängig in jeder von Menschen besiedelten Region der Welt statt.

Wer die Prinzipien des Feng Shui auf seinen Garten anwenden will, muss deshalb nicht zwangsläufig auf klassische Elemente chinesischer Gartenarchitektur – Pagoden, asiatische Gewächse oder Drachenfiguren – zurückgreifen. Wir können genauso gut das wieder aufgreifen, was unsere eigenen Vorfahren schon kannten, und dieses Wissen mit modernen, aktuellen Erkenntnissen verfeinern. Feng Shui – wörtlich übersetzt »Wind und Wasser« – hat es nämlich überall gegeben, wenn auch mit verschiedenen Zugängen und unter verschiedenen Namen. Vieles fast Vergessene wird heute wieder entdeckt – unsere traditionellen Bauerngärten sind ein wunderbares Beispiel dafür, wie auch wir im Westen über Jahrhunderte die Kraft des Gartens für uns Menschen nutzbar gemacht haben.

FENG-SHUI-PRAXIS

Was ist Feng Shui?

»Der Mensch und sein Umfeld sind eins«, sagt ein alter chinesischer Spruch und weist damit sogleich auf die Bedeutung eines Lebens in Harmonie mit der Umwelt hin. Feng Shui versucht, den Menschen Hilfestellungen auf diesem Weg zu geben. Demnach steigt jeder in den unsichtbaren Strom des Lebens ein, der Rücksicht nimmt auf die Gegebenheiten der Natur, der Landschaft und auf die Bedürfnisse der Menschen. Als Belohnung für eine solche Lebenshaltung warten Gesundheit, Glück und Wohlstand.

Jahrtausendealte Lehre

Dass dies nicht so einfach zu verwirklichen ist, liegt auf der Hand. Dennoch kann das reiche Erfahrungswissen gerade in der heutigen Zeit und auch bei uns im Westen sinnvoll angewendet werden – wie übrigens auch an allen anderen Plätzen der Erde. Denn Feng Shui baut auf universellen Naturgesetzen auf, deren Ziel es ist, die Energien der sichtbaren und unsichtbaren Welt auf harmonische Weise zu vereinen.

Die Lebensenergie »Chi«

Sicher konnten Sie schon eine ähnliche Erfahrung machen: Ein sich gemächlich durch die Landschaft schlängelndes, klares Bächlein hat auf die meisten Menschen eine sehr beruhigende Ausstrahlung. Dagegen wirkt ein in Beton gezwängter, schnurgerader Kanal ausgesprochen trostlos.
Dieses Phänomen hat mit der stark unterschiedlichen Qualität der Lebensenergie in den beiden Wasserläufen zu tun, jener universellen Kraft, die alles, was uns umgibt, belebt. Wir nennen diese Energie im Feng Shui »Chi« (Qi). Chi ist unsichtbar und dennoch in allem vorhanden. Chi ist die Ursache und Wirkung von allem, egal ob verborgen oder direkt erfassbar. Chi ist die Energie, die Berge entstehen lässt, die die Luft belebt und die wir überall dort wahrnehmen, wo wir uns an einem bestimmten Platz besonders wohlfühlen. Auch scheinbar tote Gegenstände wie Steine oder Garten-Accessoires sind aus dieser »Ursubstanz« aufgebaut und müssen daher als »belebt« betrachtet werden – auch wenn diese Vorstellung für unser wissenschaftlich geprägtes Weltbild etwas ungewohnt ist.
Ein Zuviel an Lebensenergie kann jedoch ungesund sein. Auf schnurgeraden Straßen und Wegen wird Chi zu stark konzentriert und damit belastend. Auch scharfe Kanten und Ecken verursachen schneidendes Chi, Sha Chi genannt. Man kann sich jedoch mit einfachen Mitteln davor schützen (→ Seite 53).

In einem lebendigen und harmonischen Umfeld gibt es viel positive Lebensenergie (Chi). Hier fühlen sich Menschen besonders wohl.

Feng Shui betrachtet jede Situation – und natürlich auch den Garten – immer als zusammenhängendes Ganzes. Einzelne gestalterische Details sind zwar wichtig, müssen sich aber immer ins Gesamtbild einfügen. Wasser gilt dabei als einer der wichtigsten Energieträger.

Der Garten als Mikrokosmos

Die Welt funktioniert nach klaren energetischen Gesetzmäßigkeiten. Einer der Grundsätze des Lebens ist die dauernde Veränderung. Sie ist im Garten besonders deutlich zu erkennen. Nichts wird morgen genauso sein wie heute, selbst wenn es äußerlich den Schein danach hat, nichts wird morgen noch so aussehen wie heute. Energie muss kontinuierlich in Bewegung sein, da sonst ein Stillstand in der Evolution eintreten würde.

Ist der freie Energiefluss in einem bestimmten Teil unseres Körpers behindert, so führt dies nach den Erfahrungen der chinesischen Medizin zu gesundheitlichen Schwächen. Auch ein Gebäude kann unter mangelndem Energiefluss leiden, was sich wiederum im Schicksal der Bewohner widerspiegelt. Entsprechend sollte auch im Garten ein harmonischer Chi-Fluss möglich sein: Denn sein nährendes Potenzial wirkt sich stärkend und harmonisierend auf das Umfeld und die Menschen aus.

FENG-SHUI-PRAXIS

Was zeichnet Feng Shui im Garten aus?

Ob sie im fernöstlichen Stil oder nach Art alter Klostergärten angelegt sind – Gärten, die den Prinzipien des Feng Shui entsprechen, haben eines gemeinsam: Sie berücksichtigen die Grundbedürfnisse der Natur und besitzen eine Atmosphäre, in der wir uns sehr leicht regenerieren und inspirieren lassen können.

Kleiner Garten – große Wirkung

Zwar gelten ein Rechteck oder Quadrat im Feng Shui als ideale Grundstücksform, doch auch wenn Ihr Garten nicht diesem Ideal entspricht, kann er zu einem perfekten Feng-Shui-Garten werden. Denn die umfassende Wirkung des Feng Shui hat letztlich wenig mit der Form oder Größe des Gartens zu tun: Sogar die kleinste Grünfläche wird bei richtiger Gestaltung Besucher und Bewohner mit wohltuendem und aufbauendem Chi erfreuen. Dabei müssen Sie dieses grüne Paradies nicht einmal betreten: Selbst wenn Sie einen solchen Garten nur aus dem Fenster Ihrer Wohnung betrachten, kann er Ihr Leben täglich aufs Neue bereichern. Sogar wenn Sie den Garten gar nicht bewusst wahrnehmen, strahlt er seine positiven Energien in die Umgebung aus. Aber natürlich gilt: Je aktiver Sie den Garten genießen, desto stärker und befruchtender werden Sie seine Energien erleben und für sich nutzen können.

Akupunktur im Garten

Der ideale Feng-Shui-Garten besteht aus möglichst einfachen Elementen und erlaubt einen freien, harmonischen Energiefluss in allen Bereichen. Dies erreicht man em ehesten, indem man auch das Umfeld außerhalb des Gartens in die Gestaltung mit einbezieht. Denn die innere Struktur eines Feng-Shui-Gartens und sein Bezug zur Außenwelt entfalten sich nach den gleichen Gesetzmäßigkeiten. Jede Pflanze, jeder Stein, jedes Gestaltungsmerkmal wirkt als »Energiebrennpunkt«. Sie haben also eine ähnliche Funktion wie die Akupunkturnadel an der Meridianlinie Ihres Körpers.

Nutzen Sie wo immer möglich auch die Struktur und Form des Geländes als besonderes Potenzial. Ausgangspunkt der Überlegungen ist das Grundstück mit seinem Umfeld, aus dem gute, aber auch schlechte Einflüsse kommen können. Letztere sind jedoch mit bestimmten Feng-Shui-Maßnahmen relativ leicht zu neutralisieren. Ist beispielsweise die Aussicht durch ein nahes Gebäude verbaut, bedeutet dies, dass der Aspekt der Zukunft blockiert ist. Diesen Einfluss können Sie ausgleichen, indem Sie einen attraktiven Blickpunkt in Form einer großen Pflanze, eines Gartenkunstwerks oder Gartenlichts schaffen, der neues Chi freisetzt. Ebenfalls wichtig ist der Hauptzugang zum Grundstück: Er ist die Eintrittspforte für das Chi.

Energie zum Fließen bringen

Ziel der Gestaltung nach Feng-Shui-Regeln ist es, die Energie zum Fließen zu bringen. In eingewachsenen Gärten besteht die erste Maßnahme deshalb meist darin, das »Zuviel« zu entfernen (→ Seite 11), damit das Chi wieder frei zirkulieren kann. Das andere Extrem sind sterile, nach dem Prinzip der Pflegeleichtigkeit angelegte »Wüsten« aus Rasenflächen, umgeben von schnellwüchsigen Nadelbäumen. Solche Gärten tragen nicht zum Wohlbefinden bei, weil das Chi verkümmert. Hier bringen Blütenpflanzen und Rabatten mit geschwungenen Linien das Chi zurück.

ENERGIEZENTREN SCHAFFEN
Damit sich genug Chi sammelt, sollten Sie immer wieder Freiflächen im Garten einplanen – sie wirken als Energiezentrum. Besonders wichtig ist ein solches Energiezentrum direkt vor dem Wohnzimmerfenster. Ob Sie den Boden dieses Freiraums kreativ gestalten – beispielsweise mit einer Pflasterung mit Spiralmotiv – oder einfach als Rasen belassen, hängt ganz von der geplanten Nutzung und Ihrem Geschmack ab. Vermeiden Sie aber lieblose, sterile Betonflächen.

WEGE ALS ADERN DES CHI Jeder Weg lenkt wie eine Ader das Chi durch den Garten. Sanft schwingende Wege bringen – im Gegensatz zu schnurgeraden Wegen – nährende Energie auf harmonische Weise ins Fließen. Wählen Sie als Wegbelag am besten natürliche Materialien aus der Umgebung und wechseln Sie diese zusätzlich in den verschiedenen Gartenzonen.

ZUR RUHE KOMMEN Schaffen Sie neben dem klassischen Essplatz auf der Terrasse unbedingt auch den einen oder anderen gemütlichen Sitzplatz zum Lesen, Ausruhen oder stillen Verweilen.

FENG-SHUI-PRAXIS

Welcher Garten passt zu mir?

Viele Gründe sprechen dafür, dass Sie Ihren Garten nach Feng-Shui-Kriterien anlegen und gestalten – beispielsweise, um Energie zu tanken, Vielfalt und Buntheit zu genießen oder einfach in einem harmonischen Ambiente entspannen und die Freizeit genießen zu können. Immer stehen jedoch Ihr persönliches Bedürfnis und das Ihrer Familie im Vordergrund. Erst wenn sich alle im eigenen Gartenparadies richtig zu Hause fühlen, wird sich die Kraft des positiven Chi spürbar entfalten.
Machen Sie sich deshalb als Erstes mit Ihren ganz persönlichen Wünschen und denen Ihrer Familienmitglieder vertraut. Denn die möglichen Anliegen und Bedürfnisse sind so vielfältig wie die einzelnen Bewohner:

› Wünschen Sie und Ihre Familie einen großen offenen oder lieber einen oder mehrere kleine, abgeschirmte Sitzplätze?
› Sind öfters Freunde zu Gast? Dann sollten die Sitzplätze groß genug sein.
› Haben Sie Kinder und sind oft Nachbarskinder bei Ihnen? Dann sollte der Garten geeignete Plätze zum Spielen und Toben bieten.
› Soll der Garten Raum und viele Möglichkeiten für Hobbys (Tischtennis etc.) haben?
› Bevorzugen Sie einen bunten und abwechslungsreichen Garten oder lieber eine Gestaltung in nur wenigen Farbtönen?
› Möchten Sie lieber einen ruhigen, klaren Garten oder darf es auch wildere Bereiche geben?
› Wo gibt es einen Platz für größere Sträucher oder Bäume?
› Wünschen Sie, einen Teil des Gartens als Nutzgarten für Obst und Gemüse anzulegen?
› Welche Farben, Materialien und Oberflächen mögen Sie besonders gern?
› Welche Pflanzen möchten Sie unbedingt um sich haben?
› Gibt es Accessoires, die Ihnen besonders am Herzen liegen und die im Garten verwendet werden sollen?

Die Lebensenergie Chi durchströmt diesen Garten in sanften und harmonischen Schwüngen. Besonders förderlich ist der freie und offene Hauptzugang.

› Möchten Sie Wasser in Ihrem Garten haben, zum Beispiel einen Bach, einen Gartenteich oder einfach einen Sprudel- oder Quellstein?
Zum einen macht es viel Spaß, die Wünsche aller Familienmitglieder zu sammeln, zum anderen ist es durchaus wichtig, sich schon im Vorfeld darüber klar zu werden, welche Kriterien im neuen oder umgestalteten Garten unbedingt erfüllt werden sollten und was als absolutes »No« schon bei der Planung durchfällt.

Warum wir etwas wünschen

Dass wir es hier auch mit einer »tiefenpsychologischen« Komponente zu tun haben, liegt auf der Hand. Wer beispielsweise den eigenen Garten recht wild und naturbelassen haben möchte, wird auch als Mensch bestimmt Freiheit und Ungebundenheit als wichtiges Lebensziel beschreiben. Andererseits sind Menschen, die weite und offene Rasenflächen bevorzugen, entweder sehr auf Pflegeleichtigkeit bedacht, oder sie erkennen, wie wichtig Weitblick, Freiraum und offener Chi-Fluss für sie sind. Wenn andererseits viel dichtes und schützendes Grün den Garten beherrscht oder gar eng macht, liegt der Schluss nahe, dass es sich um Menschen handelt, denen Privatsphäre, Abstand und Schutz vor der Umwelt ein besonderes Anliegen sind.
Nach diesem Prinzip können Sie nun aus allem, was Sie in Gärten beobachten, direkt Schlüsse auf die Bewohner ziehen. Dementsprechend aussagekräftig ist es daher auch, wenn jemand nach Jahren plötzlich eine größere Veränderung im Garten vornimmt. Dann wird die nicht mehr passende alte Energie durch ein neues Thema ersetzt – je nachdem, wie sich der Garten danach darstellt, können Sie nun sehr gut ablesen, was sich bei den Menschen verändert hat.

Der Garten als **Tanzplatz des Chi**

Damit das Chi frei und unbeschwert durch den Garten »tanzen« kann, sollte genügend Freiraum und Platz vorhanden sein. Prüfen Sie anhand der Tabelle, in welchen Bereichen der Garten blockiert ist.

Ist der Blick in den Garten durch ein dichtes Gewirr aus Sträuchern oder Bäumen blockiert?

Zieht ein unschönes Objekt wie ein verfallenes Gartenhaus, eine graue Wand oder ein anderes massives Element die Blicke im Garten auf sich?

Befinden sich auf dem Grundstück abgestorbene Bäume oder sogar altes Gerümpel?

Ist der Garten ziemlich leer und wird er von pflegeleichtem grünem Rasen beherrscht?

Fehlen auflockernde Elemente wie Wasser, Figuren, Steine, Lampen oder Rosenbögen fast völlig?

Befindet sich im Garten ein stark abschüssiger, nicht terrassierter Abhang?

Wirkt der Kompostplatz verwahrlost oder liegt er in der Bagua-Zone des Reichtums? (→ Seite 41)

Verwenden Sie in Ihrem Garten chemische Pflanzenschutzmittel und Schädlingsbekämpfungsmittel?

Je öfter Sie auf diese Fragen mit »Ja« antworten, umso wichtiger ist es, dass Sie Ihren Garten gründlich aufräumen und vor allem das Zentrum von allen blockierenden Elementen befreien. Statt chemischer Pflanzenschutzmittel und Dünger, die die Harmonie im Garten stören, sollten Sie besser stärkende Pflanzenauszüge bzw. Gründüngung oder Kompost verwenden.

FENG-SHUI-PRAXIS

Für Harmonie und Ausgleich: Yin und Yang

Nach chinesischer Tradition richtet sich das ganze Universum nach zwei gegensätzlichen und sich gleichwohl ergänzenden Prinzipien aus, die Yin und Yang genannt werden. Paarweise sorgen sie für Harmonie und Ausgleich. Die große Kunst besteht nun auch im Garten darin, die verschiedenen Ausformungen der beiden Aspekte so zu integrieren, dass jeweils ein harmonischer Zusammenklang erreicht wird. Dunkel und hell, sanfte Töne wie Grün, Blau, Braun und aktive Farben wie Rot, Orange, Gelb, Wasser und sanfte Erhebungen, geschwungene und geradlinige Formen, niedrige und hohe Pflanzen, Schatten und Sonne, Kälte und Wärme, Winter und Sommer, Regen und Sonnenschein, stille und aktive Zonen – alles sollte auf dem Grundstück auch im Jahreslauf gut zusammenspielen, um Balance ins Leben zu bringen.

Worauf Sie achten sollten

Zu viel Yin Ein zu dunkler und überwucherter Garten wirkt düster, leblos und feucht – Yin überwiegt . Um ihn wieder frischer, strahlender und lebendiger zu machen, muss mehr Licht und Wärme hinein (Yang), also werden Sie ihn auslichten, Freiräume schaffen und in warmen Farben blühende Pflanzen integrieren.

Zu viel Yang Ein leer geräumter Garten, in dem alles frei der Hitze ausgesetzt, offen und kahl ist, wirkt ebenfalls unharmonisch, er hat zu viel Yang. Hier fehlen Geborgenheit und Schutz, also Yin. Da der Garten ebenso wie Ihre Wohnung ein Spiegel Ihrer Persönlichkeit ist, spiegelt Ihr zukünftiger Feng-Shui-Garten nicht nur diese universellen Gesetzmäßigkeiten, er wird Ihnen auch helfen, Ihre Energien in den unterschiedlichsten Bereichen Ihres Lebens ebenfalls besser in Balance zu bringen und somit mehr Harmonie zu erlangen.

Das Geheimnis der guten Mischung

Wann immer Sie sich an einem Platz besonders wohlfühlen, wird mit größter Wahrscheinlichkeit auch die Gestaltung des Ortes nach den Prinzipien

Perfekt: Vielfältiges, üppiges Grün kombiniert mit einer freien Rasenfläche und leuchtenden Blütenstauden.

Für Harmonie und Ausgleich: Yin und Yang

Im Herbst und Winter regiert im Garten passive Yin-Energie. Das Leben zieht sich langsam zurück und Stille kehrt ein.

Im Frühling und Sommer dominieren üppiges Wachstum und reiche Blüte. In diesen Jahreszeiten herrscht im Garten aktives Yang.

von Yin und Yang besonders ausgewogen sein. In Ihrem Garten werden Sie das am schnellsten und einfachsten erreichen, wenn Sie die unterschiedlichsten Aspekte gezielt kombinieren und jegliche Einseitigkeiten möglichst vermeiden. Dann wird Ihr grünes Reich bald ein harmonisches Ganzes bilden. Neben offenen Gartenbereichen sollten dicht bewachsene und neben Wasser sollten Steine liegen. Kombinieren Sie Nadelgehölze mit Laubgehölzen, großwüchsige Sträucher mit kleinen, Pflanzen mit stacheligen Blättern mit weichblättrigen, hoch aufragende Formen mit Bodendeckern oder breit ausladenden Gewächsen, und sorgen Sie dafür, dass sich Zonen, in denen Sie und Ihre Kinder sich frei bewegen können, mit Ruheplätzen abwechseln, die Schutz und Geborgenheit bieten.

Je öfter es Ihnen gelingt, Farben, Formen, Bewuchsdichte, Licht und einige andere Parameter miteinander in ein ausgewogenes Gegenspiel zu bringen, umso erfolgreicher wird sich Ihr Garten in einen Ort der Kraft verwandeln.

Die vier **himmlischen Tiere**

Die energetisch besten Grundstücke für ein Wohnhaus haben meist ein grünes Umfeld, liegen auf einem leichten Hang mit schöner Fernsicht, idealerweise mit Blick aufs Wasser. Hinter diesem menschlichen Urbedürfnis versteckt sich das sogenannte »Lehnstuhlprinzip«: Der Rücken ist geschützt, es gibt bequeme Armlehnen, und der Blick nach vorn ist offen und ungehindert.

Dieses Prinzip beruht auf vier mythologischen Energie-Symbolen, den »himmlischen Tieren«: Für Schutz nach hinten (jeweils von der Hauptblickrichtung aus) sorgt der Rückenpanzer der »Schildkröte«. Für Weite und Aussicht nach vorne ist der aufsteigende »Phönix« zuständig. Die linke »Armlehne« gehört dem starken Drachen, der die Grundgrenze behütet (Bäume, höhere Sträucher), und rechts sorgt der etwas sanftere Tiger mit weicheren, etwas niedrigeren Formen wie Hecken für Stabilität.

FENG-SHUI-PRAXIS

Die Fünf Elemente – Kräfte der Natur

Die Lehre von den Fünf Elementen entstand ebenso aus der Beobachtung der Natur heraus wie alle anderen Feng-Shui-Prinzipien. Sie hilft, vielfältige Zusammenhänge zu erkennen und daraus die richtigen Lösungen bei Problemen abzuleiten. Dieses tiefgründige Wissen besagt, das alles, was um uns ist, also jedes Lebewesen einschließlich der Pflanzen, jede Landschaft, jedes Material, jede Form, jede Farbe, sogar jedes Nahrungsmittel und jede Krankheit, sich nach ihren Eigenschaften einem Element mit einer vorherrschenden Energieform zuordnen lässt. Diese Fünf Elemente werden Holz, Feuer, Erde, Metall und Wasser genannt. Sie können sich gegenseitig beeinflussen und verändern. Man spricht deshalb auch von den »Fünf Wandlungsphasen«.

Zwar hat die Fünf-Elemente-Lehre mit der uns bekannten westlichen Elementelehre nur wenige Gemeinsamkeiten, dennoch ist das Wissen über diese fünf grundlegenden Energiequalitäten auch für uns sehr wichtig. Dies allein schon deshalb, weil unsere Kultur nichts Vergleichbares entwickelt hat und wir durch die Anwendung der Fünf-Elementelehre ein viel tieferes Verständnis für die Kräfte der Natur und das Zusammenspiel der Energien entwickeln können.

Das Wesen der Fünf Elemente

Holz entspricht dem Frühjahr und symbolisiert die kräftig nach oben strebenden Energien. Schlanke, hochstrebende, kletternde, säulenartige Pflanzen sowie Stangen, Pfähle, Masten, Türme, Schornsteine, Säulen und alles Vertikale erzeugen Holz-Energie. Die Farben des Elements Holz sind grün, hellblau und violettblau, die zugeordneten Bagua-Zonen sind Familie und Reichtum.

Feuer steht für den Sommer und alles »Extrovertierte«, also für nach außen gerichtete, dynamische und spitze Energien und Formen. Ihm entsprechen Dreiecksformen wie Hausgiebel, Berggipfel, spitze Blätter, Stacheln, Dornen, aber auch Feuerelemente wie Grill- und Feuerplätze, außerdem die Farben Rot, Wein- bis Lilarot, Rosa sowie Gartenleuchten und moderne Gartenkunstwerke. Die zugeordnete Bagua-Zone ist der Ruhm.

1 Eine abwechslungsreiche Bepflanzung aus Gräsern und anderen Stauden sorgt für frischen Wind, fröhliche Stimmung – und Holz-Energie.

2 So strahlend und leuchtend wie die riesige Blüte dieser Sonnenblume ist auch das Feuer-Element: Es wirkt auf uns inspirierend.

Erde entspricht dem Spätsommer und symbolisiert die sammelnde und aufnehmende Energie. Erdeformen sind horizontal, gleichförmig und flach. Gelb, Orange, Braun, Sand, Ocker- und Beigetöne entsprechen dem Erde-Element, aber auch Figuren, Töpfe und Beläge aus Stein, Ton, Terrakotta, Keramik oder Kies. Die zugeordneten Bagua-Zonen sind Partnerschaft, Zentrum und Wissen.

Metall ist dem Herbst zugeordnet und entspricht der maximalen Verdichtung. Metallformen sind rund, halbrund, kugel- oder kuppelförmig. Accessoires, die aus Metall bestehen – runde Tische, Bögen etc. entsprechen dem Metall-Element. Typische Metallfarben sind Weiß, Silber, Grau und Gold. Die zugeordneten Bagua-Zonen sind Kinder und Hilfreiche Freunde.

Wasser ist das Element des Winters und symbolisiert das verschlossene, nach innen gekehrte und fließende Prinzip. Jedes Wasser-Element wie Teich, Bachlauf, Vogeltränke, Wasserräder, Sprudelsteine, aber auch wellige und unregelmäßige Wuchs- und Triebformen, die Farben Schwarz und Dunkelblau und alle Klangerzeuger (Klangspiele) zählen zum Wasser-Element. Die zugeordnete Bagua-Zone ist die Karriere.

Mithilfe der Fünf Elemente können Sie nun Ihren Garten aus einem völlig neuen Blickwinkel betrachten und analysieren (→ Seite 26). Was herrscht vor? Wie ist das Grundstück beschaffen? Wie die Umgebung? Welche Formensprache dominiert? Welches Element kommt kaum oder gar nicht vor?

Die Fünf Elemente im Garten

In einem gut gestalteten Feng-Shui-Garten sollen alle Elemente möglichst ausgeglichen vorhanden sein. So eine Anlage werden Sie dann nicht nur als besonders harmonisch empfinden, es gehen von

3 Keramikfiguren, Tontöpfe und andere Accessoires aus Stein sorgen für das Element Erde in Ihrem Garten: Es steht für aufnehmende Energie.

4 Eine Stele aus Blech hat durch das Material auch Metallenergie. Statt künstlerischen Objekten kann man auch einen Metalltisch wählen.

5 Lebendiges, sprudelndes Wasser hat auf uns immer eine faszinierende Wirkung: Es erfrischt das Umfeld und belebt den Garten.

ihr auch eine Vielzahl befruchtender, sich gegenseitig permanent stimulierender Impulse aus, die Sie und das Umfeld bereichern.

Sollte Ihr Garten aber irgendwie einseitig oder gar leblos wirken, so ist dies ein untrügliches Zeichen für ein Ungleichgewicht der Elemente. Analysieren Sie die Formen, Farben und alle vorherrschenden Elemente und finden Sie heraus, welches Element zu dominant und welches zu spärlich vertreten ist.

FENG-SHUI-PRAXIS

Der Fünf-Elemente-Kreislauf

Die einzelnen Elemente verhalten sich zueinander recht unterschiedlich: Sie fördern oder hemmen sich. Diese Beziehung der Elemente lässt sich sehr übersichtlich in Form von »Zyklen« darstellen. Für Sie als Feng-Shui-Anwender am wichtigsten sind der »hemmende Zyklus der Kontrolle« und der »fördernde Zyklus der Schöpfung«.

Hemmender Zyklus der Kontrolle

In diesem Kreislauf zeigt sich die Schwachstelle jedes einzelnen Elements: Wenn das Element Wasser mit dem Element Feuer in Berührung kommt, wird es dieses schwächen (je nach Dosis) oder sogar »löschen«. Das Feuer seinerseits hat ebenfalls Macht über ein anderes Element, und zwar über das Metall, denn Feuer schmilzt Metall. Metall wiederum – in Form einer Axt und Säge – schneidet das Holz. Das Holz aber durchdringt mit seinen Wurzeln die Erde und holt sich aus ihr die für das Wachstum benötigten Nährstoffe. Die Erde als Ufer oder Damm begrenzt das Wasser in seinem freien Lauf. Hier übt also jedes Element seine ganz spezielle Herrschaft über ein anders aus – jeweils das übernächste Element im Zyklus wird dominiert.

Fördernder Zyklus der Schöpfung

In diesem Kreislauf fördern oder nähren sich die Elemente gegenseitig – und zwar immer das vorstehende Element sein nachfolgendes: Holz fördert das Feuer, da es dieses nährt. Feuer fördert Erde, indem es mineralienreiche Asche erzeugt. Erde fördert Metall, da sie Erze enthält. An kalten Metallen kondensiert wiederum Wasser, Wasser fördert Holz, da es dieses nährt.

Die Elemente ins Gleichgewicht bringen

Für die Gartengestaltung ist wichtig, dass in jedem Gartenteil ausreichend förderliche Beziehungen auftreten, da diese wiederum den harmonischen Energiehaushalt nähren. Am einfachsten erreichen Sie das, indem Sie darauf achten, dass alle Elemente ausreichend stark und nicht im Übermaß vorhanden sind. Sobald sich genügend Farben, Formen, Pflanzen und Accessoires jeder Energiequalität vorfinden, stellt sich nicht nur eine fließende Abfolge der unterschiedlichen Schwingungen und Energien ein, sondern es entsteht auch Harmonie und Wohlbehagen – selbst wenn es äußerlich sogar »unordentlich« und willkürlich aussehen mag. Gerade darin liegt ja der Reiz des Feng-Shui-Gärtnerns, dass man

Metall nährt Wasser: Ein plätschernder Brunnen mit Metallschalen ist ein perfektes Beispiel für den fördernden Fünf-Elemente-Kreislauf.

Der Fünf-Elemente-Kreislauf

Die beiden Elemente-Kreisläufe im Überblick: Der Außenring zeigt den fördernden Zyklus der Schöpfung. Die Pfeile im Inneren des Kreises stellen dar, welche Elemente sich gegenseitig hemmen können, wenn sie direkt aufeinandertreffen. Sie sollten deshalb im Garten nicht zu intensiv kombiniert werden.

der Natur ihre eigene Lebendigkeit lässt, ohne sie über Gebühr zu reglementieren und einzuengen.

Beispiel: Warum Wasser Erde braucht

Ein großer Teich im Garten (Element Wasser) mit vielen Flusssteinen und Kies (Element Erde) mag zwar elegant aussehen, gleichzeitig hinterlässt er aber leicht das Gefühl, es würde etwas fehlen. Zwar hemmt das Element Erde (das Ufer) das Wasser, bei einer sehr großen Wasserfläche reicht das aber nicht.

Setzen Sie als Ausgleich an einigen Stellen üppig hochwachsende, bunt blühende Pflanzen ein – sie entsprechen äußerlich den Elementen Holz und Feuer – oder verwenden Sie zugehörige Accessoires wie Säulen oder Gartenlichter. Um den Garten jedoch als Ganzes in Harmonie zu bringen, sollten Sie noch das Element Metall zu Hilfe holen – in Form von Metallgegenständen oder runden Accessoires. Ein so bestückter Garten lebt im wahrsten Sinne des Wortes und wird zu einer »Chi-Tankstelle« werden.

17

FENG-SHUI-PRAXIS

Das Bagua – Spiegel des Lebens

Welche Energien verbergen sich in den verschiedenen Bereichen eines Grundstücks? Um dies einfach und rasch herauszufinden, verwendet man das sogenannte Bagua. Wörtlich übersetzt bedeutet dieser Begriff »Der Körper des Drachen«. Das Bagua ist wie ein Raster in neun Zonen unterteilt, die den verschiedenen Lebensbereichen entsprechen.
Wenn Sie das Bagua anwenden, betrachten Sie Ihren Garten wie einen zusammenhängenden Organismus. Alles was Ihnen im Leben widerfährt, ist auf unsichtbarer Ebene mit Ihnen verbunden. Auch das Grundstück ist Teil Ihres Umfelds und als solches mit einer großen Aussagekraft über Sie ausgestattet. Das Bagua ist gewissermaßen ein Spiegel Ihrer Persönlichkeit, es gibt Auskunft über Stärken und über noch zu entwickelnde Lebensbereiche. Durch gezielte Maßnahmen in den jeweiligen Zonen Ihres Gartens können Sie nun genau jene Energien stärken, die Ihnen helfen, sich auf Ihrem Lebensweg effizienter weiterzuentwickeln.

> »Der Mensch und das Umfeld sind eins.« Dementsprechend wichtig ist eine lebendige und abwechslungsreiche Gestaltung jeder einzelnen Bagua-Zone.

Die neun Zonen tragen die Namen Karriere, Partnerschaft, Familie, Reichtum, Zentrum (Tai Chi), Hilfreiche Freunde, Kinder, Wissen und Ruhm. Im Idealfall sollten alle diese Zonen zur Gänze auf dem Grundstück vorhanden sein, was bei rechteckigen oder quadratischen Formen immer der Fall ist. Für unregelmäßige Grundstücksformen bietet Feng Shui zahlreiche Möglichkeiten, Fehlbereiche auszugleichen (→ Kasten und ab Seite 36)

Was das Bagua uns sagt

Es reicht aber nicht aus, dass alle Bagua-Zonen auf einem Grundstück vollständig vorhanden sind. Vielmehr hängt vieles auch davon ab, wie die einzelnen Abschnitte gestaltet und genutzt werden. Beispielsweise kann die Partnerschafts-Zone zwar vollständig vorhanden sein, doch wenn sie verwahrlost ist, kann dies auf Belastungen und Probleme in Ihren Beziehungen hinweisen. Umgekehrt kann ein Gartenpavillon inmitten eines blühenden Rosengartens auf den Wunsch nach einer schönen und stimmungsvollen Beziehung hindeuten. Denken Sie daran, dass nichts rein zufällig ist, wie es ist, und eine äußere Erscheinung immer auch ein Symbol für eine innere Veranlagung ist.
Richten Sie Ihr Augenmerk auch auf das Gelände. Eine abschüssige Lage wird meist einen Energieverlust in dieser Zone bedeuten und sollte durch stabilisierende Bepflanzungen, Hecken, Wälle, Steine oder ein Gartenlicht, das nach oben leuchtet, ausgeglichen werden (→ Seite 48). Zu dichter Bewuchs oder große Feuchtigkeit kann ebenfalls auf Probleme hinweisen. Schaffen Sie Ausgleich, indem Sie den Abschnitt öffnen bzw. trockenlegen. Grundsätzlich gilt: Alles Auffällige und Ungewöhnliche in einer Zone sollte wachsam verfolgt und gegebenenfalls ausgeglichen werden.

Gärten mit **Ecken** und **Kanten**

Kaum ein Garten-Grundstück hat die ideale Form. Trotzdem können Sie auch hier das Bagua-Schema anwenden und eventuelle Schwächen ausgleichen:

Reihenhaus-Grundstück Teilt das Gebäude das Grundstück in zwei Teile, haben Sie zwei Baguas – eines für den Vorgarten, eines für den Hauptgarten.
Unregelmäßige Grundstücksformen Trapez-, L-förmige oder andere Formen weisen oft Fehlbereiche im Bagua auf. Komplettieren Sie den Grundriss zeichnerisch zu einer harmonischen Form – meist einem Rechteck. Ragt bei einem L-förmigen Grundstück ein Teil 50 % oder mehr über den Hauptteil, so verursacht er einen Fehlbereich. Kleinere Vorsprünge gelten dagegen als hilfreiche Erweiterungen: Sie bringen eine Extraportion Chi.
Schwache oder fehlende Zonen lassen sich ausgleichen, indem Sie die dieser Zone zugeordneten Elemente (→ Seite 36ff.) Farben, Accessoires oder Pflanzen intensiv einsetzen. Stärkend wirken auch Lampen, die Sie an die Grundgrenze setzen und deren Schein ausgleichend wirkt. Sie verbinden die in diesem Fall auf dem Nachbargrundstück liegende Bagua-Zone mit Ihrem Garten. Auch Rosenkugeln aus buntem Glas wirken ähnlich.
L-förmiges Haus mit Fehlbereich Bei einem Haus mit Fehlbereich aktivieren Sie den das Haus ergänzenden Gartenbereich durch eine besonders attraktive und lebendige Bepflanzung. Sorgen Sie für Licht und Abwechslung. Auch ein oft genutzter Sitzplatz tut hier gut. Betonen Sie den Kreuzungspunkt, der sich aus der Verlängerung der beiden in den Fehlbereich ragenden Hausmauern ergibt, mit einem Gartenlicht, einer schönen Statue, einem sprudelnden Quellstein oder einer besonders schönen Pflanze.

FENG-SHUI-PRAXIS

Die neun Bagua-Zonen

Für die Planung Ihres Gartens sollten Sie sich genau darüber im Klaren sein, welche Bereiche Ihres Lebens die einzelnen Bagua-Zonen symbolisieren. Anschließend können Sie prüfen, ob einzelne Zonen geschwächt sind und Sie diese gegebenenfalls stärken und aktivieren sollten (→ Seite 36ff.).

Wissen

Sie sind auf der Suche nach Ihrem persönlichen Lebenssinn? Sie möchten mehr über die tieferen Zusammenhänge wissen, die Ihr eigenes Dasein klarer werden lassen? Die Gartenzone »Wissen« repräsentiert einerseits Ihre fachliche Kompetenz und andererseits das, was man gemeinhin als »inneres Wissen« bezeichnet. Sie steht auch für Ihre Gabe zur Intuition. Dieser Gartenabschnitt sollte eine Zone der Ruhe und Kontemplation sein.

Karriere

Kennen Sie solche Momente, in denen sich das Leben auf wunderbare Weise »in Fluss« befindet? Diese bereichernde Erfahrung ist eng verknüpft mit der Karriere-Zone. Sie repräsentiert die Energie des Wassers und beschreibt den Fluss Ihres beruflichen und persönlichen Lebens. Und sie spiegelt auch wider, wie gut es Ihnen bereits gelingt, Ihre innere Wesenheit mit dem äußeren Leben zu vereinigen und ob Sie Ihrer tatsächlichen Bestimmung im Leben nahekommen. Wenn manches stagniert, Selbstzweifel oder generelle Unzufriedenheit sich breitmachen, sollten Sie sich intensiver um die Karriere-Zone kümmern.

Hilfreiche Freunde

Dieser Bereich steht für Unterstützung, Hilfe und Schutz. Wann immer wir genau die Hilfe bekommen, die wir benötigen, oder scheinbar zufällig genau zum richtigen Zeitpunkt ganz besonders wichtige Informationen erhalten, ist die Energie dieser Zone mit im Spiel. Sie ist die Zone des aktiven Helfens und der empfangenen Hilfe, der gelebten Menschlichkeit, der »zufälligen« Informationen und – wenn man es so will – des Beistands einer höheren Macht.

Familie

Dieser Gartenteil spiegelt Ihre familiäre Herkunft, also Ihre Wurzeln wider sowie die Beziehung zu Ihren Eltern, den Vorfahren, aber auch den Vorgesetzten. Da diese Zone des Gartens auch die Vergangenheit repräsentiert, können Schwierigkeiten bei der Umsetzung neuer Ideen oftmals durch Auflösen von Schwachstellen in der Familien-Zone beseitigt werden. Die Zone sagt außerdem viel aus über Ihr persönliches Wachstumspotenzial. Aus diesem Grund sollte sie so klar wie möglich strukturiert sein.

Zentrum (Tai Chi)

Sie lassen sich leicht aus der Ruhe bringen, sind öfter unausgeglichen oder energielos? Das Zentrum repräsentiert die Lebenskraft und auch die Gesundheit, sie ist somit die »Energietankstelle« des Gartens. Je offener und sammelnder dieser

Die neun Bagua-Zonen

Bereich angelegt ist, desto mehr heilende und zentrierende Schwingungen werden von der Mitte aus in die Umgebung strahlen.

So ein Sitzplatz ist gemütlich und zieht Chi an. Er ist nicht nur für die Partnerschafts-Ecke ideal, sondern passt auch in jeden anderen Bagua-Abschnitt.

Kinder

Diese Zone ist die aktivste und kreativitätsförderndste des Gartens. Alle Ihre »physischen und geistigen Kinder«, also nicht nur Ihre Sprösslinge, sondern auch alles, was mit Ideen, Projekten und Ihrer Kreativität zu tun hat, ist diesem Abschnitt zugeordnet. Er spiegelt zudem Ihr Potenzial zur Erneuerung und Auffrischung wider. Inspiration und schöpferische Gedanken reifen hier und dringen an die Oberfläche des Bewusstseins. Geschieht dies, ist es ganz wichtig, dass diese von Ihnen dann aber auch in die Tat umgesetzt werden.

Reichtum

Sie fragen sich, was das viele Auf und Ab Ihres Lebens Ihnen zu sagen hat? Aus unerklärlichen Gründen zerrinnt Ihnen immer wieder das Geld zwischen den Fingern? In diesem Fall ist die Reichtums-Zone angesprochen. Hier spiegelt sich nicht nur Ihr finanzielles Glück und Geschick im Umgang mit materiellen Werten wider, sondern gleichermaßen auch Ihre Fähigkeit zum Erkennen und Nutzen nichtmaterieller Werte. Alles, ganz gleich wie angenehm oder störend wir es zunächst empfinden, birgt eine verborgene Chance, deren tieferen Sinn wir meist erst später erkennen.

Ruhm

Die Ruhm-Zone hat unter anderem mit Ihrer Ausstrahlung zu tun. Hier zeigen sich Ihre Persönlichkeit, Ihre innere Reife und Ihr Charisma. Auch Ihr öffentliches Ansehen spiegelt sich hier wider, das heißt, wie Sie von Ihrer Umwelt wahrgenommen werden. Wenn in diesem Bereich alles stimmt, können Sie andere Menschen allein durch Ihre Präsenz und Ausstrahlung ohne Mühe begeistern und animieren, und Sie zeichnen sich außerdem durch ein selbstbewusstes Auftreten aus.

Partnerschaft

Diese Bagua-Zone gibt Auskunft über Ihre Beziehung zum Partner, aber auch zu Freunden, Kollegen und Nachbarn. Sie ist ein besonders sensibler Bereich und kann Sie oft sogar vorwarnen: Wenn in dieser Zone Gewächse zu kränkeln beginnen, sollten Sie sich sofort intensiv um Ihre zwischenmenschlichen Beziehungen kümmern. Den Erfolg werden Sie nach einiger Zeit auch am Zustand Ihrer Pflanzen ablesen können.

FENG-SHUI-PRAXIS

Rundum genießen: ein Garten für die Sinne

Ein idealer Feng-Shui-Garten ist vor allem auch ein Garten der Sinne. Er regt an zum Entdecken, inspiriert, stimuliert und belebt und öffnet so das Bewusstsein für neue Aspekte des Lebens. Alle fünf Sinne sind gleich wichtig – deshalb sollten im Feng-Shui-Garten alle fünf Wahrnehmungsebenen gleichermaßen angesprochen werden.

Sehen

Ein »bildschöner« Garten nährt die Seele und wirkt harmonisierend und heilsam. Wählen Sie Formen und Farben nach den Prinzipien von Yin und Yang (→ Seite 12/13) und den Elementen (→ Seite 14 ff.). Farbenprächtige Blüten wie Rosen, Fingerhut oder Rhododendron fallen besonders auf, wenn sie von ruhigen Grüntönen umgeben sind oder vor einem grünen Hintergrund stehen. Die Inspiration wird zusätzlich gefördert, wenn Sie dem Auge durch geschwungene Wegeführung und abgestufte Bepflanzungen einen »Blick in die Tiefe« ermöglichen. Gestalten Sie auch den Sitzplatz im Garten so, dass Sie den Blick auf schöne Details wie einen bizarr geformten Stein, fließendes Wasser oder ein dekoratives Gehölz genießen können. Kurzum: Sorgen Sie für viele wohltuende optische Akzente.

Hören

Die steigende Lärmbelastung aus der Umwelt lässt unseren Hörsinn dramatisch verkümmern. Damit sinkt auch die Fähigkeit zur Wahrnehmung. Steuern Sie diesem Phänomen entgegen und machen Sie Ihren Garten zu einem Hör-Paradies: Durch das Rascheln der Blätter im Wind, das sanfte Rauschen des kleinen Wasserfalls, das Murmeln des Bächleins am Wegesrand, das aufmunternde Plätschern des Quellsteins neben dem Sitzplatz, das schaufelnde Geräusch des für die Kinder installierten Wasserrades, das Zwitschern der Vögel, für die Sie wieder einen Lebensraum geschaffen haben, oder das leise Zirpen der Grillen in der abendlichen Julihitze. Sanfte Klangspiele wirken beruhigend und inspirierend und regen sogar das Immunsystem an.

Ein Rosenbogen wirkt nicht nur einladend, sondern reinigt auch das Energiefeld des Menschen.

Rundum genießen: ein Garten für die Sinne

Hier lässt sich gut mit der Seele baumeln: ein geschützter Sammelplatz des Chi, der auch noch Freiraum für eigene Aktivitäten lässt.

Ein lebendiger Garten mit Klangspiel, plätscherndem Wasser und gemütlicher Sitzmöglichkeit: die perfekte Idylle auf kleinem Raum.

Tasten

Auch der Tastsinn verkümmert in unserer »geglätteten« Welt immer mehr. Lernen Sie wieder, Ihr Leben intensiver zu »begreifen«, indem Sie im Garten ein energetisierendes Tast-, Berühr- und Streichelumfeld schaffen. Eine solche Anlage verstärkt das Chi der Menschen. Polierte oder raue, auch behauene Steine, rillige Oberflächen aus entrindetem Holz, wellig geformte Handläufe, unterschiedlich sich erwärmende Materialien, steife und biegsame Pflanzen, raue und glatte Blätter, Sand, den Sie zwischen den Fingern durchlaufen lassen, oder Muscheln und selbst gesammelte Kastanien und Zapfen als Fingerschmeichler sind eine Wohltat. Oder laufen Sie barfuß über die Wiese – die Möglichkeiten in Ihrem Garten sind fast unerschöpflich.

Riechen

Duft beeinflusst uns auf einer sehr subtilen Ebene. Leider dominieren heute synthetische Duftstoffe, was auf Kosten unserer feinen Riechfähigkeit geht. Frische, natürliche Düfte schaffen hier Ausgleich. Gewürzkräuter und Heilpflanzen passen in jeden Feng-Shui-Garten. Die ideale Lage der »Kräuterabteilung« liegt im Süden des Gartens, weil sie dann das Gesamtgrundstück und die Bewohner besonders positiv beeinflusst. Sie kann aber an jeder Stelle des Gartens förderlich wirken. Auch manche Blüten- und Zierpflanzen wie Geißblatt, Heliotrop, Lilien oder Ziertabak duften herrlich. Platzieren Sie einige an Wegen und in der Nähe des Sitzplatzes.

Schmecken

Reservieren Sie in Ihrem Feng-Shui-Garten auch ein wenig Platz für Kräuter, Gemüse und Beeren zum Essen, selbst wenn die Fläche noch so klein ist und Sie nur wenig Zeit haben. Selbstgeerntetes hat nicht nur mehr Chi, es macht auch Freude und hilft zu einer bewussteren Form des Schmeckens. Auch im Kübel und auf der Terrasse lassen sich schmackhafte Kräuter und Früchte sehr gut ziehen. Erdbeeren eignen sich prima als Beeteinfassungen.

Den Garten prüfen

Das Ziel von Feng Shui ist die bestmögliche Harmonie zwischen Mensch, Haus, Garten und Umgebung. Jede Landschaft weist einen speziellen Charakter auf und sollte im Interesse guter Energieflüsse mit der Form des Hauses und dem Garten zusammenpassen.

Bestandsaufnahme mit Feng Shui

Gehen Sie behutsam an die Veränderungen in Ihrem Garten heran und machen Sie eine gründliche Analyse. Betrachten Sie zuallererst Ihren Garten, das Umfeld und Ihr Wohngebäude aus energetischer Sicht und fragen Sie sich: Was spüren Sie? Welcher Einfluss kommt von außen herein und wie fühlt sich das an? Erleben Sie ein Gefühl der Enge oder Weite, empfinden Sie den Garten als exponiert oder abgeschottet? Achten Sie auf Ihre innere Stimme und finden Sie heraus, welche Eigenschaften und Empfindungen vorherrschen. Fragen Sie auch Ihre Familie und die anderen Bewohner.

Ein Garten für alle Bedürfnisse

Betrachten Sie nun als Nächstes Grundstück, Haus und Umfeld ganz bewusst: Welche Formen, Farben, Materialien, Pflanzen und anderen Einflüsse dominieren, wie offen oder verwachsen oder gar von der Umgebung abgeschottet wirkt der Garten, gibt es Auffälligkeiten, ist alles vorhanden, was Sie sich wünschen? Gibt es genug Plätze für die ganze Familie, findet man ausreichend Rückzugsmöglichkeiten, kann man sich hier gut ausruhen?

Was tut dem Garten gut?

Wenn Sie all diese Erkenntnisse notieren, gewinnen Sie – ganz ohne Regelwerk und Werkzeuge – einen umfassenden Überblick darüber, welche Veränderungen dem Garten besonders guttun würden. Wirkt beispielsweise der Garten zu offen, wird das Thema Schutz und Geborgenheit wichtig werden, ist er hingegen fast ganz mit Nadelgehölzen überwuchert, sollte ausgelichtet werden, bevor man mit Blumen eine neue Lebendigkeit erzeugt. Am Ende dieser intuitiven Voranalyse sind Sie bereit für den Check nach den Fünf Elementen und dem Bagua.

DEN GARTEN PRÜFEN

Was herrscht vor, was fehlt?

Bevor Sie Ihren Garten nach Feng-Shui-Prinzipien umgestalten, heißt es erst einmal Bilanz ziehen: Welche Elemente und Bereiche sind zu dominant, welche bedürfen dringend der Stärkung? Am besten legen Sie eine Liste mit den beiden Rubriken »Elemente-Überschuss« und »Elemente-Mangel« an, auf der Sie die Ergebnisse Ihrer Prüfung notieren.

Die Elemente prüfen

Die Umgebung Identifizieren Sie als Erstes das vorherrschende Element im Umfeld. Ist Ihr Garten beispielsweise von einem grünen Wald umgeben, so überwiegt die Holz-Energie, grenzt er dagegen an einen Fluss, Teich oder Bach, so ist der Wassereinfluss prägend. Im zweiten Schritt prüfen Sie, ob ein Element im Umfeld des Gartens schwach oder gar nicht vorhanden ist. Ist viel Wasser, Wald und dichter Bewuchs anzutreffen, aber mangelt es an Offenheit und Sonnenlicht, so fehlt das Element Feuer. Grenzt Ihr Grundstück an offenes, flaches Land, fehlt ihm möglicherweise Wasser- oder Holz-Energie.

Der Garten Nun betrachten Sie das Grundstück. Das Prinzip ist einfach: Alle Umwelteinflüsse sollten so zusammenspielen, dass nach dem schöpferischen Zyklus der Elemente (→ Seiten 16/17) für Haus und Garten die maximale Energie erzeugt wird. Vergleichen Sie nun das Ergebnis der Umfeld-Analyse mit den Gegebenheiten des Gartens: Ist das im Umfeld dominante Element vielleicht auch zu stark im Garten vorhanden? Falls ja, werden Sie es entschärfen müssen. Fragen Sie sich umgekehrt: Wenn in der Umgebung in Bezug auf ein bestimmtes Element Mangel herrscht, ist es dann zum Ausgleich ausreichend im Garten vorhanden? Und zuletzt

noch der Gesamtcheck: Sind alle Fünf Elemente spürbar präsent, welches sollte gestärkt werden, welches eher abgeschwächt?

Das Bagua prüfen

Zeichnen Sie die neun Felder das Bagua in Ihren Grundstücksplan ein. »Wissen – Karriere – Hilfreiche Freunde« (→ Seite 39) liegen dort, wo Sie das Grundstück betreten. Ist es regelmäßig, also rechteckig oder quadratisch, sind alle Bagua-Bereiche vorhanden. Hat der Grund leichte Ausbuchtungen (unter 50 % der Länge und Breite des Hauptteils), so sind das positive Erweiterungen – ebenfalls gut. Nur wenn Fehlbereiche vorliegen, das Grundstück sich verengt oder abfällt, sollten Sie handeln. Betrachten Sie nun den Zustand der einzelnen Zonen: Im Idealfall ist alles ordentlich und schön gestaltet. Herrscht hingegen Unordnung, ist alles zugewuchert oder sind Pflanzen oder Bäume krank oder beschädigt, sollten Sie sich um die betreffenden Zonen intensiver kümmern (→ Seite 36).

Wie geht man beim Prüfen vor?

Gehen Sie beim Prüfen Ihres Gartens systematisch vor und stellen Sie sich folgende Fragen:

Umfeld-Analyse nach den Elementen: Was dominiert, was fehlt?

Garten-Analyse nach den Elementen: Sind alle Elemente ausgewogen vorhanden?

Bagua-Analyse Welche Form hat das Grundstück, wie ist der Zustand der einzelnen Zonen?

BEOBACHTEN In diesem Garten sind die Einflüsse des Umfelds weniger dominant als in anderen Gärten: Von der Umgebung ist praktisch nichts zu sehen. Dementsprechend wichtig ist das harmonische Zusammenspiel aller Elemente. Dies ist hier sehr gut gelungen: Wasser, Erde, Holz sind ausgeprägt vorhanden, das Feuer (Sonne) scheint im Tageslauf ausreichend herein. Die Metall-Energie könnte man durch eine Metalldraht-Skulptur oder eine Gartenkugel noch etwas fördern.

ERSPÜREN Wenn man unsicher ist, ob ein Element im Überfluss präsent ist, hilft es, der eigenen Aufmerksamkeit zu folgen: Wo zieht es meinen Blick hin? Was fällt besonders auf? In diesem Beispiel sind zwar so viele verschiedene Highlights auf kleinem Raum vereint, dass es schwerfällt, sich zu entscheiden – doch weder Wasser noch Elefantengras oder die Kunstwerke im Hintergrund dominieren. Somit ist alles im Gleichgewicht.

BELEBEN Wo es in leuchtenden Farben blüht, ist das Chi zu Hause: Tulpen symbolisieren den Frühling und das Holz-Element. Sorgen Sie dafür, dass die Zone auch lebendig bepflanzt ist, wenn die Tulpen verblüht sind.

DEN GARTEN PRÜFEN

Der Garten als Spiegel der Seele

»So wie innen, so außen.« Von jeher haben sich die großen Denker wie Lao Tse, Konfuzius oder Hermes Trismegistos (er entspricht dem ägyptischen Thot, der als Gott der Schrift, Bibliotheken sowie Wissenschaft und Magie galt) mit diesen Zusammenhängen beschäftigt: Jedes Ereignis und jedes Muster, und sei es noch so klein, spiegelt sich auch im größeren Zusammenhang wider. Der Biochemiker und Zellbiologe Rupert Sheldrake formulierte vor etwa 25 Jahren die These des »morphogenetischen Feldes« und bewies mit seinen Forschungsergebnissen, warum Feng Shui wirkt. Er erkannte, dass alles mit allem verbunden ist, weshalb eine Veränderung in einem Teil (beispielsweise dem Garten oder der Wohnung) auch eine Auswirkung in einem anderen System (den jeweils damit verbundenen Personen) haben muss. Feng Shui wirkt, weil es auf diesen universellen Gesetzmäßigkeiten aufbaut.
Untersuchungen haben allerdings gezeigt, dass die Wirkung eines Umfelds letztlich auch von unseren Gedanken und Gefühlen beeinflusst wird. Menschen, die ein fröhliches und positives Gemüt haben, werden ein störendes Nebenan als weniger belastend wahrnehmen und empfinden. Diese Menschen verwenden ihre ganze Kraft darauf, das Positive in sich und in ihrem direkten Umfeld zu stärken – die ideale Voraussetzung für gutes Feng Shui.

Was liegt in Ihrem Leben an?

Wie Sie bereits aus der Betrachtung des Bagua (→ Seite 18) erfahren haben, reflektiert jede Zone Ihres Gartens einen anderen Aspekt Ihres Lebens. Bevor Sie an die Planung eines Feng-Shui-Gartens gehen, sollten Sie nicht nur die Örtlichkeiten gründ-

lich studieren, sondern auch eine kleine Analyse Ihres bisherigen Lebens durchführen. Nehmen Sie sich deshalb bitte einige Minuten Zeit und eruieren Sie anhand der Übersicht auf der rechten Seite, mit welchen der angesprochenen Themen Sie bisher intensiver oder häufiger zu tun hatten, mit welchen Sie gut zurechtkommen und welche Aspekte Ihres Lebens vielleicht einer Optimierung bedürfen. Markieren Sie auf dem jeweiligen Feld die für Sie passende Antwort:
› passt genau (++)
› stimmt nur manchmal (+)
› stimmt nicht (o)

Was wollen Sie ändern?

Sie haben sicher rasch bemerkt, dass bei allen Gruppen, bei denen Sie mit »stimmt nicht« geantwortet haben, die entsprechenden Aspekte in Ihrem Leben verbessert werden sollten. Sie können dies erreichen, indem Sie das Bagua wie beschrieben anwenden.
Angenommen, Sie stellen anhand des Tests fest, dass Ihr zurzeit aktuellstes Problem in der Partnerschaft liegt, dann sollten Sie einen Blick in die Partnerschaftszone Ihres Gartens werfen (→ Seite 21). Gibt es dort zu viele hemmende Elemente, sollten Sie diese entfernen und die Zone durch geeignete Hilfsmittel aktivieren.
Fühlen Sie sich eher ausgepowert und unzentriert, sollten Sie im Zentrum (Tai Chi) Ihres Gartens nach dem Rechten sehen. Mit welchen Maßnahmen Sie die identifizierten Bagua-Schwachstellen ausgleichen und aufwerten können, erfahren Sie ab Seite 36.

REICHTUM

Meine finanzielle Situation ist ausgewogen und stabil.
++   +   o

Ich bin mit dem, was mir das Leben so bietet, durchaus zufrieden.
++   +   o

Ich habe ein recht gesundes Selbstbewusstsein und zeige dies auch.
++   +   o

RUHM

Ich arbeite beständig an der Weiterentwicklung meiner Persönlichkeit.
++   +   o

Mein öffentliches Ansehen ist gut, ich werde geachtet.
++   +   o

Ich möchte ein ethisches und anständiges Leben führen.
++   +   o

PARTNERSCHAFT

Ich lebe im Großen und Ganzen in einer glücklichen Partnerschaft.
++   +   o

Meine beruflichen und geschäftlichen Beziehungen laufen harmonisch.
++   +   o

Mit Freunden und Nachbarn habe ich ein exzellentes Verhältnis.
++   +   o

FAMILIE

Mit meinen Eltern habe/hatte ich ein gutes Auskommen.
++   +   o

Meine Großeltern und Verwandten sind/waren mir sehr wichtig.
++   +   o

Das Verhältnis zu meinen Vorgesetzten ist gut. Sie fördern mich.
++   +   o

ZENTRUM

Ich fühle mich ziemlich zentriert, bin oft voller Tatendrang.
++   +   o

Ich erfreue mich einer guten Gesundheit und bin selten krank.
++   +   o

Ich lasse mich nicht so schnell aus der Ruhe bringen.
++   +   o

KINDER

Mit (meinen) Kindern geht es mir tendenziell sehr gut.
++   +   o

Ich bin gerne kreativ und lebe dieses Potenzial aus.
++   +   o

Ich habe immer mehrere Vorhaben und Projekte, die ich umsetzen werde.
++   +   o

WISSEN

Ich bin lernbegierig und merke mir Neues sehr leicht.
++   +   o

Ich beschäftige mich auch mit den geistigen Aspekten des Lebens.
++   +   o

Meine Intuition ist sehr gut und zuverlässig.
++   +   o

KARRIERE

Ich bin zufrieden mit meinem beruflichen Werdegang.
++   +   o

Mein Lebensfluss zeigt mir, dass ich auf dem richtigen Weg bin.
++   +   o

Ich kann mich auf meine »innere Stimme« gut verlassen.
++   +   o

HILFREICHE FREUNDE

Schöne Dinge kommen scheinbar zufällig in mein Leben.
++   +   o

Wenn ich Hilfe brauche, bekomme ich sie recht einfach.
++   +   o

Ich habe gute Freunde, mit denen ich offen über alles reden kann.
++   +   o

DEN GARTEN PRÜFEN

Die Fünf Elemente stärken

Die Fünf Elemente haben einen wichtigen Einfluss auf die Bagua-Zonen. So können Sie die einzelnen Zonen ganz gezielt fördern, indem Sie die jeweils zugeordneten Elemente stärken.

Angenommen, Sie möchten die Partnerschafts-Zone Ihres Gartens stärken, so sehen Sie, dass dieser das Element Erde zugeordnet ist. Demnach sind alle Erde-Elemente – beispielsweise Figuren, Töpfe aus Keramik, Terrakotta oder Stein – hier richtig. Außerdem zeigt der förderliche Elemente-Kreislauf (→ Seite 16/17), dass Erde durch Feuer genährt wird. Daher passen hier alle Feuer-Elemente besonders gut – rote, spitze, feurige Accessoires, Pflanzen oder Gestaltungselemente (→ Seite 32). Lediglich bei Elementen des hemmenden Zyklus müssen Sie aufpassen. Allzuviel Holz-Energie (Holz hemmt Erde) tut in dieser Bagua-Zone nicht gut. Also sollten Sie hier beispielsweise keine Gartenleuchten auf Säulen platzieren, denn alle hohen Formen entsprechen dem Element Holz (→ Seite 14) – unabhängig vom Material – sondern lieber bodennahe Leuchten, falls sie an den jeweiligen Platz passen. Nach diesem Prinzip können Sie nun jede gewünschte Bagua-Zone auf Ungleichgewicht kontrollieren und gegebenenfalls Maßnahmen zum Stärken des Abschnitts entwickeln.

Hemmendes Übermaß entschärfen

Anders verhalten Sie sich, wenn ein bestimmtes Element zu stark vorhanden ist und Sie dessen Einfluss daher verringern möchten. Am einfachsten geht das natürlich, wenn Sie den Störenfried entfernen können. Oft ist das aber nicht möglich – was soll man bei einem zu großen Biotop tun, das man nicht einfach zuschütten kann, oder bei ausgewachsenen Bäumen, die man nicht entfernen darf? Hier wählt man eine andere Lösung. In einem solchen Fall bedienen Sie sich der beiden Elemente-Kreisläufe (→ Seite 16/17). Befindet sich in Ihrem Garten beispielsweise ein zu großer Gartenteich, können Sie folgende Maßnahmen ergreifen:

› Integrieren Sie zunächst das hemmende Element – in unserem Beispiel ist das Erde – zwischen Biotop und Haus. Dies kann auf verschiedene Art und Weise geschehen: Sie können einen kleinen Erdwall errichten oder ein Mäuerchen bauen. Eine einfachere Lösung wäre es, Steine und Kies am Ufer zwischen Teich und Haus zu platzieren.

› Als Nächstes eruieren Sie im schöpferischen Zyklus, wohin Wasser seine Energie abgibt – nämlich zum Holz (Wasser nährt das Holz). Es ist daher empfehlenswert, zusätzlich auch noch feuchtigkeitsliebenden Uferbewuchs üppig in der Verbindungsachse zwischen Wasser und Haus zu integrieren. Mit dieser Kombinations-Lösung können Sie auch starke Ungleichgewichte oder Einseitigkeiten rasch und elegant in Griff bekommen.

Mit den Fünf Elementen arbeiten

Auf den folgenden Seiten sind die Fünf Elemente ausführlich beschrieben. Sie finden die zugeordneten Bagua-Zonen sowie Informationen, welche Energien auf das jeweilige Element fördernd oder hemmend wirken und welche Formen, Farben, Accessoires und Pflanzen ihm entsprechen. Mit diesem »Werkzeug« können Sie die einzelnen Bagua-Zonen in Ihrem Garten gezielt stärken und Hemmendes ausgleichen.

Die Fünf Elemente stärken

Element Holz

Die Energie des Elements Holz entspricht der Qualität der Morgendämmerung, des Ostens, des Frühlings und des beginnenden Wachstums. Es steht für Bewegung, Veränderung, Entwicklung und Harmonie. Bei ausgeglichener Holz-Energie wirkt ein Mensch ruhig und entspannt, ist kreativ, einfühlsam und vertrauensvoll. Es ist die Energie der großzügigen, fairen und umgänglichen Menschen. Herrscht ein Ungleichgewicht in der Holz-Energie vor, werden Menschen hypersensibel, verspannt, neigen zu Zorn, werden stressempfindlich, unstet und beeinflussbar. Dementsprechend wichtig ist es, Holz-Energie in einem ausgewogenen Verhältnis auf dem Grundstück zur Verfügung zu haben.
Bagua-Zonen Dem Holz-Element sind die beiden Bagua-Zonen Familie und Reichtum zugeordnet.

Wird gefördert durch Laut förderlichem Zyklus wird Holz von Wasser genährt und gestärkt.
Wird gehemmt durch Das Element Metall ist der natürliche Feind der Holz-Energie (Axt spaltet Holz).
Landschafts-/Umfeldformen Typische Holzformen im Umfeld – auch in der Entfernung, also wenn Werkstoffe und Materialien nicht mehr eindeutig zu erkennen sind – sind schmale, hochragende Bäume, Masten, Türme, Schornsteine und Hochhäuser.
Farben Typische Farben aus dem Holzspektrum (gilt nicht für Bütenfarben, es gibt Holzpflanzen aus allen Farbbereichen) sind Grün, Hell- bis Violettblau.
Accessoires Zu den Accessoires mit Holz-Energie zählen neben Säulen, Stangen, Pfählen, Klettertürmen alle hoch aufragenden Gegenstände und die meisten aus Holz gefertigten Gegenstände – sofern die Holzanmutung gut spürbar ist und nicht durch eine dominante Bauform oder Decklack überlagert wird. Durch ihre aufstrebende Wuchsdynamik haben auch alle Kletterpflanzen (→ Seite 57) einen entsprechenden Holzanteil – selbst wenn die Blüte einem anderen Element zuzuordnen ist.

Pflanzen des **Holz-Elements**

Bambus-Arten (z. B. *Phyllostachys, Semiarundinaria, Fargesia, Pseudosasa, Pleioblastus, Sasa*)
Hoher Phlox (*Phlox paniculata* 'Landhochzeit')
Hyazinthen (*Hyacinthus*-Sorten)
Lebensbaum *(Thuja occidentalis)*
Rhododendron (*Rhododendron*-Hybriden)
Rittersporn 'Percival' (*Delphinium*-Pacific-Gruppe)
Weicher Schildfarn *(Polystichum setiferum)*
Wilder Wein *(Parthenocissus quinquefolia)*
Wildtulpe *(Tulipa sylvestris)*

31

DEN GARTEN PRÜFEN

Element Feuer

Dem Feuer-Element sind der Sommer, die Mittagszeit, die Himmelsrichtung Süden und alles, was mit Hitze zu tun hat, zugeordnet. Ihm entsprechen das Blühen, das grenzenlose Wachstum, das helle Sonnenlicht, das Sich-zur-vollen-Schönheit-Entfalten, das Früchte-Hervorbringen, das Sich-Öffnen sowie alles Schnelle und Expandierende. Diese Qualitäten werden über das Feuer-Element ausgedrückt und über Feuerpflanzen und -accessoires im Garten manifestiert. Menschen mit ausgeglichener Feuer-Energie gelten als humorvoll und offen und haben ein rasches Auffassungsvermögen. Sie sind gute Redner, fortschrittlich, gute Organisatoren und Leiter. Sie besitzen viel Selbstsicherheit, sind ideenreich, haben die Fähigkeit, Zusammenhänge gut zu erkennen, und können hervorragend kombinieren.

Bei unharmonischer Feuer-Energie sind die Menschen oft überaktiv, hitzig, regen sich leicht auf.
Bagua-Zone Dem Feuer-Element ist die Bagua-Zone Ruhm zugeordnet.
Wird gefördert durch Feuer wird durch das Element Holz gefördert und aufgebaut.
Wird gehemmt durch Feuer wird vom Element Wasser in seiner Wirkkraft gebremst und geschwächt.
Landschafts-/Umfeldformen Alle nach außen gerichteten und spitzen Formen entsprechen dem Feuer-Element. Das sind Dreiecksformen wie Hausgiebel, Berggipfel, spitze Blätter, Stacheln, Dornen.
Farben Typische Farben der Feuerkategorie sind Rot, Wein- bis Lilarot und Rosa. Dabei gilt: je funkelnder, reflektierender, strahlender und leuchtender, umso feuriger ist die Energie. Achtung: Dies gilt nicht für Pflanzen, denn Pflanzen mit Feuer-Energie gibt es in den unterschiedlichsten Farben.
Accessoires Häufig bei uns anzutreffende Feueraccessoires sind Grill- und Feuerplätze, Gartenleuchten, Fackeln, Kerzen und moderne Gartenkunstwerke.

Pflanzen des **Feuer-Elements**

Färberkamille *(Anthemis tinctoria)*
Feuerlilie *(Lilium bulbiferum)*
Gartengladiole *(Gladiolus-Sorten)*
Großer Alant *(Inula magnifica)*
Löwenmäulchen *(Antirrhinum majus)*
Pfaffenhütchen *(Euonymus europaeus)*
Pyrenäen-Margerite *(Leucanthemum x superbum)*
Sonnenblume *(Helianthus annuus)*
Weidenblättrige Mispel *(Cotoneaster salicifolius var. salicifolius)*

Die Fünf Elemente stärken

Element Erde

Dem Element Erde werden der Spätsommer, der Nachmittag und die Himmelsrichtungen Südwesten und Nordosten zugerechnet. Wolken, Regen, wohlriechende Düfte, Fülle und das Verwandelnde sind ebenfalls Erde-Qualitäten.

Menschen mit ausgewogener Erde-Energie wirken seriös, gereift und ausgeglichen. Sie können logisch denken, bleiben stets ruhig, meditieren möglicherweise gerne und sind beständig, stetig, ausdauernd – geerdet eben. Sie gehen mit Geld und Besitz verantwortungsvoll um, sind loyal, treu und vielleicht auch konservativ. Sie gelten als verlässlich und sind sehr anpassungsfähig. Bei unharmonischer Erde-Energie verschließen sich die Menschen vor neuen Ideen, werden schwerfällig, engstirnig, stur oder umgekehrt butterweich und nachgiebig.

Bagua-Zonen Dem Element Erde entsprechen die Bagua-Zonen Partnerschaft, Wissen und Zentrum.
Wird gefördert durch Erde wird durch Feuer gestärkt und gefördert.
Wird gehemmt durch Der Widersacher des Erde-Elements ist das Holz.
Landschafts-/Umfeldformen Erdeformen sind horizontal, gleichförmig und flach. Demnach sind alle flachen, lang gestreckten Gebäude »erdig«, ebenso wie ebene Landschaften ohne viel Abwechslung. Auch kriechende Pflanzen schaffen durch ihre Wuchsform eine gewisse Erdequalität.
Farben Der Erde ist die ganze Palette warmer Farben zugeordnet: Gelb, Braun, Sand, Ocker, Beige, Orange. Diese Palette gilt aber nicht für Pflanzen – es gibt Erdepflanzen in unterschiedlichsten Farben.
Accessoires Zum Erde-Element gehören alle Gegenstände und Gartenelemente aus Ton, Terrakotta, Keramik, Stein, Beton, Kies, Sand und Erde. Das sind etwa Fliesen, Figuren, Töpfe, Natursteinplatten, Findlinge oder Mauern, auch Trockensteinmauern, Wälle, Wege, Trittplatten und Gartenmöbel aus Stein.

Pflanzen des **Erde-Elements**

Blut-Weiderich *(Lythrum salicaria)*
Edelflieder *(Syringa-vulgaris*-Sorten*)*
Felsen-Steinkresse *(Aurinia saxatilis)*
Frühlingsknotenblume *(Leucojum vernum)*
Hauswurz *(Sempervivum*-Hybride*)*
Heiligenkraut *(Santolina chamaecyparissus)*
Schmuckkörbchen *(Cosmos bipinnatus)*
Schneeglöckchen *(Galanthus nivalis)*
Schwalbenwurz-Enzian *(Gentiana asclepiadea)*
Türkischer Mohn *(Papaver orientale)*

DEN GARTEN PRÜFEN

Element Metall

Dem Metall-Element sind der Herbst, der Sonnenuntergang, die Himmelsrichtungen Westen und Nordwesten sowie Kälte und Trockenheit zugeordnet. Alles Dichte und Harte, die Kraft, Stärke und auch der Tod – wie das Absterben der Pflanzen im Herbst – gelten als metallisch. Zusammenziehendes, Dunstiges und Nebliges – das alles sind typische Herbst- und Metallkräfte. Ausgeglichene Metall-Energie im Menschen zeigt sich beispielsweise als starke und gute Intuition (»6. Sinn«), Gerechtigkeitssinn, messerscharfe analytische Fähigkeiten, große Ehrlichkeit, Zielstrebigkeit oder Ordnungsliebe. Diese Menschen erneuern gerne, sind gute Schiedsrichter, haben eine ausgeprägte Vorstellungskraft und planen bis ins Detail. Sie lieben die Einsamkeit, haben auf andere Menschen aber eine »elektrische« Ausstrahlung. Menschen mit unharmonischer Metall-Energie gelten als gefühlskalt, triebhaft und trocken. Sie sind streng und autoritär, und es ist oft schwer, an sie heranzukommen.

Bagua-Zonen Die beiden Bagua-Zonen des Metall-Elements sind Kinder und Hilfreiche Freunde.

Wird gefördert durch Gestärkt und gefördert wird Metall durch das Element Erde.

Wird gehemmt durch Der Gegenspieler des Metall-Elements ist das Feuer.

Landschafts-/Umfeldformen Metallformen sind rund, halbrund, kugel- oder kuppelförmig. Demnach sind beispielsweise Stadtlandschaften mit Blick auf markante Kuppeln, aber auch Räume mit Gewölben dem Metall-Element zuzuschreiben.

Farben Typische Metallfarben sind Weiß, Silber, Grau und Gold. Diese Zuordnung gilt allerdings nicht für Pflanzen, da es Metallpflanzen in allen Farben gibt.

Accessoires Alle Accessoires aus Metall gehören hier dazu. Außerdem wird alles runde (Tische, Kreisformen, Dekorationen), Bögen, Kugeln, aber auch technische Anlagen und Maschinen dem Metall-Element zugeordnet.

Pflanzen des **Metall-Elements**

Bartnelke *(Dianthus barbatus)*
Edel-Pfingstrose *(Paeonia lactiflora)*
Glyzine *(Wisteria sinensis)*
Kissen-Aster *(Aster-Dumosus-*Sorten)
Leberbalsam *(Ageratum houstonianum)*
Pampasgras *(Cortaderia selloana)*
Pracht-Goldrute *(Solidago-*Sorten)
Wald-Vergissmeinnicht *(Myosotis sylvatica)*

Die Fünf Elemente stärken

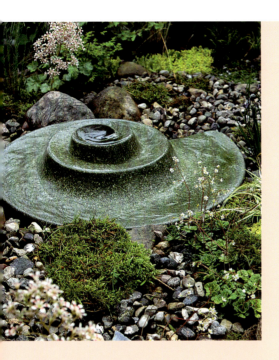

Element Wasser

Dem Wasser-Element sind die Himmelsrichtung Norden, der Winter, die Nacht, die Mitternacht und die Kälte zuzurechnen. Speichern, Bewahren, abwärts gerichtete Bewegungen, langsamer Fluss, Verschließendes gelten ebenfalls dem Wasser zugeordnet. Bei ausgeglichener Wasser-Energie agieren Menschen meist sehr ruhig und bedächtig, sie können Geheimnisse bewahren, weisen einen starken Willen und ausgeprägte Sexualität auf, sind ernsthaft und konsequent. Angst ist ihnen nahezu unbekannt. Außerdem können sie andere gut beeinflussen, sie wissen, was sie wollen, haben Selbstbewusstsein und Überzeugungskraft, sind gute Vermittler, unaufdringlich und mild, aber effizient. Menschen mit unharmonischer Wasser-Energie hamstern gerne Vorräte, sie sind oft verschlossen und unbeholfen und gelten im Allgemeinen als ängstlich.

Bagua-Zone Dem Wasser-Element ist die Karriere-Zone zugeordnet.

Wird gefördert durch Genährt und gestärkt wird das Element Wasser durch Metall-Energie.

Wird gehemmt durch Laut Zyklus der Kontrolle hemmt das Element Erde die Wasser-Energie.

Landschafts-/Umfeldformen Alles Unregelmäßige, Wellige, Abwechslungsreiche wirkt fließend – und entspricht demnach der Energie des Wassers. Blick auf Wasser, auf den Verkehr oder auf eine lebendige Skyline erzeugen alle Wasser-Energie.

Farben Die Farben Schwarz und Dunkelblau entsprechen dem Wasser. Das gilt allerdings nicht für Pflanzen – es gibt Wasserpflanzen in unterschiedlichsten Farben.

Accessoires Jedes Wasser-Element wie Teich, Swimmingpool, Bachlauf, Brunnen, Springbrunnen, Vogeltränke, Wasserräder, aber auch wellige und unregelmäßige Gelände- und Wuchsformen und alle Klangerzeuger zählen zum Wasser-Element.

Pflanzen des **Wasser-Elements**

Efeublättriges Alpenveilchen *(Cyclamen hederifolium)*
Feinstrahlaster *(Erigeron-Sorten)*
Garten-Stiefmütterchen *(Viola-Wittrockiana-Sorten)*
Garten-Strohblume *(Helichrysum bracteatum)*
Lavendel *(Lavandula angustifolia)*
Raublatt-Aster *(Aster novae-angliae)*
Ringelblume *(Calendula officinalis)*
Roter Fingerhut *(Digitalis purpurea)*
Weigelie *(Weigela-Sorten)*

DEN GARTEN PRÜFEN

Das macht Bagua-Zonen stark

Haben Sie bei der Analyse der Bagua-Zonen in Ihrem Garten den einen oder anderen Bereich entdeckt, der gefördert werden sollte? Kein Problem – oft reichen schon dekorative Accessoires und attraktive Pflanzen, um eine Bagua-Zone zu stärken. Große Umgestaltungen sind nur selten nötig.

Wissen: den Zugang zur inneren Stimme öffnen

Sie wünschen sich manchmal mehr Stille, um besser zu sich selber zu finden? Dann sollten Sie sich um die Wissens-Zone kümmern. Für einen optimalen Zugang zu Ihrem inneren Wissen, aber auch für die herkömmliche Wissensaufnahme sollte ein gewisses Maß an Ruhe im Umfeld herrschen. Ansonsten würden Sie zu sehr abgelenkt. Das gilt ganz besonders für Ihr tief innen gespeichertes Wissen, Ihre »innere Stimme«. Diese können Sie ebenfalls nur dann wahrnehmen, wenn Sie sich selbst genügend Freiraum und regelmäßig Zeit zur Muße gönnen. Daher sollte diese Zone im Garten Stabilität und Ruhe ausstrahlen. Gestalten Sie sie so störungsfrei und lärmgeschützt wie möglich, das verhilft zu Ausgeglichenheit und verschafft Ihnen Zutritt zu Ihrem inneren Wissen. Machen Sie Ihre Wissens-Zone zu einem Hort der Behaglichkeit und Geborgenheit. Ideal ist ein abgeschiedener, blickgeschützter Sitzplatz zum Träumen, Nachdenken und zum Meditieren.

Alles, was dem Erde-Element entspricht, aktiviert die Wissens-Ecke, auch das Erde erzeugende Feuer. Verwenden Sie also bevorzugt erdige und feurige Accessoires wie Keramiktöpfe, Figuren oder Objekte aus Stein und Lampen sowie die diesem Element entsprechenden Farben, wie Gelb, Braun, Ocker, Orange oder Rot.

Vermeiden Sie ein Übermaß an schlanken Holzaccessoires, sie können hemmend wirken. Auch ein Kinderspielplatz ist für diese Zone nicht geeignet und führt möglicherweise zu unerwünschten Turbulenzen.

Damit die Energie des Wassers optimal genutzt werden kann, sollte das Wasser immer auf das Haus zulaufen.

Karriere: dem Erfolg auf die Sprünge helfen

Die Bagua-Zone Karriere steht für den Fluss Ihres persönlichen und beruflichen Lebens. Ein Fehlbereich oder ein abschüssiges Gelände an dieser Stelle sollte deshalb unbedingt mit ausgleichenden und aktivierenden Mitteln abgefangen werden. Eine in den Hang eingebaute Stufe (Terrassierung) stoppt den Chi-Abfluss, aber auch durch Licht kann das Chi der Zone verstärkt werden.

Sorgen Sie in jedem Fall für eine heitere, helle, energiereiche und lebendige Stimmung in dieser Zone und lassen Sie das Chi in sanften Schwüngen zirkulieren, beispielsweise durch eine fließende Wegegestaltung. Freundliche und helle Farben sowie Blautöne in allen Schattierungen wirken hier besonders günstig, ebenso runde und sanfte Formen ohne eckige Kanten.

Gut geeignet sind auch alle Objekte, die mit Wasser zu tun haben, sowie generell eine Gestaltung, die Weite, Tiefe und Frische vermittelt. Dies wird das Chi Ihrer Karriere-Zone förderlich stimulieren. Freundliches, strahlendes Licht ist hier besonders wichtig. Achten Sie dazu auf einen ordentlichen und aufgeräumten Eindruck. Jedes Element, das den freien Energiefluss blockiert, entfernen Sie am besten. Ihr zukünftiges Motto im Abschnitt Karriere sollte lauten: offen, freundlich, hell, fließend und weit. Da Metall das Wasser-Element nährt, können auch alle Metallobjekte wie Klangspiele oder Bronzestatuen und auch die Farben Weiß, Silber, Grau und Gold zur Unterstützung des Karriere-Bereichs eingesetzt werden.

Vermeiden sollten Sie jedoch ein Zuviel des Elements Erde, um die frische Dynamik zu behalten. Karriere bedeutet dementsprechend, »im persönlichen Fluss« zu sein.

In der Ruhe liegt das Wissen: Damit der innere Wissenspool gut aktiviert wird, sollte die Wissens-Zone ruhig und kontemplativ gestaltet werden.

Hilfreiche Freunde fördern

Wünschen Sie sich manchmal, dass Ihnen mehr Menschen zur Seite stehen, wenn Sie einmal Hilfe brauchen? Oder sehnen Sie sich nach jemandem, mit dem Sie die unterschiedlichsten Dinge ganz offen bereden können? Wenn ja, dann sollten Sie sich mit der Bagua-Zone Hilfreiche Freunde beschäftigen.

Gestalten und stärken Gestalten Sie diesen Bereich so heimelig wie möglich, erzeugen Sie ein weites Gefühl des Himmels und der nach oben gerichteten Offenheit. Dies ist das Symbol für die maximale Yang-Kraft (→ Seiten 12/13) und repräsentiert gleichzeitig auch Macht, Führung und Autorität. Metall-Klangspiele und überhaupt alle Metallobjekte fördern diese Ecke Ihres Gartens. Bringen Sie hier außerdem jene Gegenstände ein, die Sie an Ihre Freunde und Bekannten erinnern oder die Sie

DEN GARTEN PRÜFEN

von diesen als Geschenk bekamen. Auch schöne und interessant geformte Steine, Kristalle, Keramik und Terrakotta aktivieren die Zone der Hilfreichen Freunde, ebenso die Farben Weiß, Silber, Gold sowie Gelb, Orange und Braun.

Neben den äußeren Aktivierungsmaßnahmen sind es vor allem aber auch die eigenen Handlungen, die das Chi dieses Abschnittes besonders nähren – ganz nach dem Motto »Wer gibt, dem wird gegeben werden«. Diese Zone erinnert Sie demnach daran, dass wir ohne ein nährendes soziales Umfeld sehr einsam und unglücklich wären. Es lohnt sich daher, sich aktiv um die anderen Menschen zu bemühen und Freundschaften zu pflegen – so werden Sie nicht nur selbst zum »Hilfreichen Freund« für andere, Sie erzeugen auch ganz viel Energie, von der viel Positives wieder zu Ihnen zurückfließen wird – in Form von »Zufällen« und glücklichen Fügungen.

Vermeiden Sie in dieser Bagua-Zone ein Übermaß roter Accessoires, die dem hemmenden Feuer-Element zugehören.

Familie: Beziehungen klären

Je schwieriger Ihr Verhältnis zu den Eltern ist, desto mehr Potenzial liegt hier verborgen. Doch diese Bagua-Zone bezieht sich nicht nur auf Ihre Familie, sie sagt auch viel über Ihre Beziehungen zu Ihren Vorgesetzten aus.

Gestalten und stärken Da in dieser Zone oftmals die nicht erledigten Dinge der Vergangenheit verankert sind, ist es sinnvoll, zunächst durch Aufräumen und Ausmisten alle alten und nicht mehr benötigten Energien – auch Materie ist eine Form von Energie – loszulassen. Das bringt auf der persönlichen Ebene vieles ins Rollen und hilft, alte Elternkonflikte aufzulösen. Gleichermaßen wie die Entspannung der Elternbeziehung wird sich dadurch auch Ihr Kontakt zu Ihren Chefs und Vorgesetzten verbessern. Die Energiecharakteristik dieser Zone hat zu tun mit der nach oben und nach außen strebenden Energie. Sie entspricht der gesunden Wachstumskraft eines Baums, weshalb alle dem Element zugeordneten Gartenaccessoires mit nach oben und nach außen strebenden Formen in diesen Bereich hervorragend passen.

Ideale Farben in dieser Zone sind kräftige Grüntöne, Türkis und Blau. Auch Wasser ist hier bestens aufgehoben, beispielsweise in Form einer Vogeltränke, eines Quellsteins, als Brunnen, Gartenteich oder Bach. Ein Sitzplatz für alle macht sich in diesem Bereich ebenfalls gut. Etwas vorsichtig sollten Sie mit dem Einsatz von dem Element Metall zugeordneten Accessoires wie Kugeln, Metallmöbeln oder anderen Metallgegenständen sein: Sie können hier im Übermaß hemmend wirken.

Ein von guten Freunden zur Hauseinweihung geschenkter Strauch oder Baum passt hervorragend in die Hilfreiche-Freunde-Zone.

Freiflächen sind in jedem Sektor des Gartens wichtig, ganz besonders aber im Zentrum. Das wirkt beruhigend und bietet gleichzeitig einen Sammelpunkt für die Lebensenergie. Hier wirkt die Skulptur zusätzlich noch als Brennpunkt, der das Chi der angrenzenden Freifläche auf sich zieht.

Zentrum: das Chi sammeln

Sie wünschen sich mehr Energie und Tatendrang, lassen sich leicht aus der Ruhe bringen, sind öfter unausgeglichen? Nach den Erfahrungen der chinesischen Medizin befindet sich das Energiezentrum des Menschen etwa vier Fingerbreit unter dem Nabel – das sogenannte Hara oder Dantien. Analog dazu findet sich auch im Garten in der Mitte das energetische Zentrum. Es repräsentiert die Lebenskraft und auch die Gesundheit der Bewohner.

Gestalten und stärken Die beste Lösung für das Gartenzentrum ist, es so frei und offen wie möglich zu gestalten, zum Beispiel mit einer ruhigen Rasenfläche. An solchen Plätzen kann das Chi frei fließen und sein maximales Potenzial entfalten.

Da das Gartenzentrum jedoch auch die Gesundheit symbolisiert, können Sie es als Alternative auch so lebendig und energiesammelnd wie möglich gestalten. Schon in unseren alten Kloster- und Bauerngärten finden sich ganz bewusst hervorgehobene Zen-

DEN GARTEN PRÜFEN

tren, etwa in Form eines Wegekreuzes, in dem verschiedene Energiestränge zusammenlaufen. Flankiert und sanft geleitet wird der Fluss oft von mit niedrigem Buchs eingefassten Beeten. Das Zentrum erhält häufig noch einen Energiebrennpunkt wie einen Springbrunnen, eine besonders große Spiegelkugel, eine schön gestaltete Sonnenuhr oder eine auffallende Statue. Wenn Sie nicht so viel Platz haben, können Sie in der Zentrums-Zone aber auch einfach ein kleines Rondell oder eine Kräuterspirale anlegen. Gute Farben für diese Bagua-Zone sind alle erdigen Töne wie Gelb, Braun, Ocker und Orange. Auch die dem Element Erde zugeordneten Materialien Keramik, Stein, Ton und Terrakotta sind sehr wirksame Zentrumsaktivierungen. Jede außergewöhnliche Gestaltung der Gartenmitte wird den direkteren und leichteren Zugang zu Ihren eigenen inneren Energiepotenzialen unterstützen. Sie fördert durch den gesteigerten Energiepegel auch Ihre Gesundheit und bewirkt – sozusagen als angenehme Nebenwirkung – ein Gefühl größerer emotionaler Ausgeglichenheit. Sie sind dann ganz einfach »in Ihrer Mitte«.

Ist im ungünstigsten Fall das Zentrum blockiert, etwa durch einen Schuppen oder das Wohnhaus, könnte das ein Hinweis auf unnötige Anstrengungen im Leben sein. Dann sollten Sie zumindest in den Innenräumen für ein aufgeräumtes und offenes Zentrum sorgen.

Kinder: Kreativität fördern

Mit Ihrer Kreativität ist es nicht besonders gut bestellt? Auch Ihre Fröhlichkeit und Begeisterungsfähigkeit lassen zunehmend nach, und alles Neue ist irgendwie allmählich sehr mühsam geworden? Dann sollten Sie sich im rechts in der Mitte liegenden Bagua-Abschnitt umsehen, denn dort liegt die Zone der Kinder. Und so wie Kinder Leben in eine Familie bringen, fördert diese Zone am stärksten die Aktivität und Kreativität.

Gestalten und stärken Neben den eigenen Kindern und der Kreativität, Ideen und Projekten spiegelt diese Zone auch Ihr Potenzial zur Erneuerung und Auffrischung wider. Inspiration und schöpferische Gedanken reifen hier, dringen an die Oberfläche des Bewusstseins, sollten dann aber auch umgesetzt werden. Auch Freude, fantasievolles

Ein Spielbereich sorgt für freudvolle und abwechslungsreiche Energien und passt daher hervorragend in die Kinder-Zone des Bagua.

Spiel und leibliche Genüsse dürfen im Leben nicht zu kurz kommen. Gestalten Sie dementsprechend die Kinder- und Kreativitäts-Zone Ihres Gartens freudvoll, farbig, abwechslungsreich. Vermeiden Sie Gegenstände, die zu sehr an Arbeit erinnern, sorgen Sie stattdessen für frischen Wind und angenehme Atmosphäre. Die den Elementen Metall und Erde zugeordneten Objekte gelten als passende Accessoires für die Kinder- und Kreativitäts-Zone. Günstig sind deswegen auch die Farben Weiß, Silber, Grau und Gold sowie Gelb, Braun und Orange. Vorsicht aber bei zu viel »feurigen« Farben und Accessoires, sie könnten sich hemmend auswirken. Wenn die günstigen Farben und Objekte jedoch ein bisschen eintönig erscheinen, könnte eine bunte und kindgemäße Gestaltung mit schillernden Gartenkugeln, regenbogenfarbenen Windrädern, im Wind rotierenden zweifarbigen Gartenspiralen, flatternden Bändern, lustigen Objekten oder hübscher Gartenkunst für Abwechslung und Belebung in Ihrer Kinder-Zone sorgen. Wenn Sie selbst Kinder im Spielalter haben, ist hier auch der ideale Ort für den Spielplatz. Aber auch für einen kleinen Nutzgarten oder ein Beet mit Duftpflanzen wie Lavendel oder Heliotrop ist hier der ideale Platz.

Reichtum: Chancen erkennen

Um Selbstwertgefühl, Finanzen und auch innere Zufriedenheit zu unterstützen, sollten Sie der Reichtums-Zone Ihres Gartens Aufmerksamkeit schenken. Diese liegt links hinten. Sie steht nicht nur für finanziellen Reichtum, sondern auch für bereichernde Ereignisse und Erfahrungen. Außerdem hilft sie, verborgene Chancen besser erkennen und auch nutzen zu können.

Gestalten und stärken Gestalten Sie diese Zone betont anregend und unterstützen Sie sie mit

Seit alter Zeit bekannt: Mit Wasser aktiviert man Chi. Gut ist es, wenn das Wasser in einem Becken oder Gefäß gesammelt wird.

Accessoires, die Ihnen persönlich das Gefühl von Fülle und Wohlstand geben. Gesunde und kräftige Pflanzen sowie ausreichend Licht zählen zu den erprobten Feng-Shui-Lösungen für die Reichtums-Zone. Günstige Farben sind die des Elementes Holz, also Grüntöne und Türkis, förderlich ist das Wasser mit seinen Blautönen. Gut passt hier auch jede Form von Wasser, etwa als Quellstein, Springbrunnen, Brunnen, Swimmingpool und Wasserlauf mit kleinen Wasserfällen. Sie können bei guter Wasserqualität das Chi der Zone hervorragend steigern. Auch alle Dinge und Symbole, die Ihnen persönlich den Umgang mit den Herausforderungen des Lebens leichter machen, die Ihnen Glück, Kraft und Selbstbewusstsein geben, passen gut in die Reichtums-Ecke.

Setzen Sie in dieser Zone nicht zu viel »Metallisches« ein, da es hemmend wirken könnte.

Ruhm: Anerkennung finden

Ihre Ausstrahlung könnte umwerfender sein? Ihr Ansehen in der Öffentlichkeit lässt zu wünschen übrig? Bei jeder Form von Image- oder Respektsproblemen sollten Sie sich die Bagua-Zone des Ruhms genauer ansehen.

Gestalten und stärken Die Bagua-Zone des Ruhms entspricht der Kraft des Feuers. Die idealen Objekte sind daher außergewöhnliche und inspirierende Gartenkunst, helle und strahlende Accessoires wie Lampen, spiegelnde und reflektierende Gegenstände, schöne Kristalle und natürlich Objekte in der Feuerfarbe Rot. Kreieren Sie eine Atmosphäre des Glanzes und des Funkelns und achten Sie auf eine besonders attraktive Beleuchtung.

Auch dem Element Holz zugeschriebene Gegenstände wie schlanke und hoch aufstrebende Accessoires fördern die Ruhm-Zone und stärken Ihre persönliche Ausstrahlung, genauso wie die Holzfarbe Grün. Denken Sie bei der Gestaltung dieses Abschnittes daran, dass nichts zu außergewöhnlich sein kann, um Sie selbst und andere zu inspirieren. Sollte in dieser Zone ein Gartenteich liegen, sollten Sie das Ufer mit üppigem Grün bepflanzen, damit das Wasser das Holz nährt und nicht Ihre Feuer-Energie verringert. Auch dem Element Erde zugehörige Accessoires wie Tontöpfe oder Klinker hemmen die Wirkung des Wassers.

Partnerschaft: Gemeinsamkeit fördern

Irgendwie laufen Ihre Kontakte zu anderen Menschen nicht so ganz einfach? Oder mit Ihren Nachbarn gibt es immer wieder Reibereien? Was Ihnen hier entgegentritt, ist die Energie der »nährenden« Partner-Ecke – sie liegt rechts hinten. Und natürlich erfahren Sie im Spiegel dieser Zone auch besonders viel über Ihre Beziehungen zu Ihrem Lebenspartner, zu Freunden und zu Kollegen.

Gestalten und stärken Um langfristig die zwischenmenschlichen Beziehungen zu fördern, sollten Sie in diesem Bereich alle beschädigten, belastenden und störenden Gegenstände entfernen und ihn auch gründlich reinigen. Bringen Sie Ihre Partner-Zone dann mit Pflanzen wieder zum Blühen und Gedeihen – ganz so wie Ihre Beziehungen auch! Paarweise angeordnete Pflanzen oder Accessoires wie eine Pergola, eine Laube oder eine Bank unter-

In der Ruhm-Zone darf es ein bisschen »lauter« zugehen. Sie nährt sich aus intensiven Rottönen, ausgefallenen Formen und Blattstrukturen.

Ein wildromantischer, mit Kletterpflanzen umrankter Sitzbereich für gemütliche Augenblicke zu zweit. Hier kann man sich aber auch in der größeren Runde gut treffen und somit auch seine »anderen« Beziehungen fördern und nähren. Im Schutz dieser lebendigen Nische lässt sich hervorragend miteinander reden.

stützen den partnerschaftlichen Aspekt. Auch mehrere hintereinander angeordnete Rosenbögen oder ein Laubengang, an dessen Ende sich ein Sitzplatz verbirgt, sind fördernde Objekte. Erzeugen Sie in jedem Fall ein Umfeld, das Gemeinsamkeit, aber auch Gleichberechtigung ausstrahlt – beispielsweise sollte kein Baum einen anderen behindern oder dominieren. Hier sollte Freude herrschen. Ideal sind alle der Erde zugeschriebenen Accessoires und Töne wie Gelb, Ocker, Orange oder Braun. Da Feuer die Partnerenergie nährt, passen dort auch gutes Licht oder der Grillplatz neben den aufbauenden Farben Rot und Rosa.

Vermeiden sollten Sie säulenförmige Pflanzen, die dem Element Holz zugeordnet sind, weil sie dem dieser Bagua-Zone zugehörigen Element Erde Energie abziehen. Und denken Sie auch daran, dass Ausgewogenheit das Wichtigste ist in dieser Zone – vermeiden Sie deshalb Objekte, die ein Symbol für Hierarchie und Ungleichgewicht sind.

Den Garten verändern

Sind Sie sich darüber klar geworden, welche Bereiche Ihres Gartens neuen Schwung brauchen? Dann setzen Sie dies mutig in die Tat um. Oft sind dazu nicht einmal große Veränderungen nötig. Und achten Sie bei allem, was Sie tun, auf Ihr Gefühl.

Zeit für den Wandel

Schauen Sie beim Verlassen des Hauses auf eine unerfreulich kahle Mauer oder Lärmschutzwand, wirkt Ihr Vorgarten ein wenig steril oder sind im Hauptgarten im Lauf der Jahre die Nadelgehölze so stark gewachsen, dass alles finster, eng und eingeengt wirkt? Oder vielleicht verursacht der zunehmende Verkehrslärm Dauerstress oder ein Hang oder eine steil abfallende Böschung »saugt« die Energie regelrecht aus Ihrem Garten? »Schießt« ein neu errichtetes Nachbargebäude mit seiner scharfen Hauskante »schneidendes Chi« direkt auf Ihr Wohnzimmerfenster?

Wenn Sie eine oder mehrere dieser Fragen mit »Ja« beantworten mussten, ist es an der Zeit, in Ihrem Garten etwas zu verändern. Und nach der Analyse Ihres Gartens wissen Sie genau, ob die Bagua-Zone Partnerschaft gestärkt werden soll, ob der Bereich für Karriere Unterstützung braucht und wie das Zentrum Ihres Gartens mithilfe einiger dekorativer Accessoires wieder zur Kraftquelle wird. Die folgenden Seiten bieten Ihnen viele Anregungen, um mit einfachen Mitteln ein stabileres und energiereicheres Ambiente zu schaffen.

Regelmäßig prüfen

Andererseits kann es auch sein, dass Sie derzeit ganz glücklich und zufrieden mit dem Zustand des Gartens sind und nichts umgestalten möchten. Machen Sie trotzdem ab und zu einen »Energie-Check«: Baumaßnahmen und andere Veränderungen können zu Verschiebungen des energetischen Gleichgewichts führen. Und viele Pflanzen, die früher klein und niedlich waren, können im Lauf der Jahre zu einem größeren Problem heranwachsen. Ein regelmäßiger wacher und kritischer Blick in den Garten und ins Umfeld lohnt sich also allemal.

DEN GARTEN VERÄNDERN

Der Vorgarten: ein harmonischer Empfang

Der Vorgarten ist der Teil Ihres Grundstücks, der Gäste – und natürlich auch Sie selbst – empfängt. Er sollte viel gutes Chi auf das Grundstück leiten. Ist dieser so wichtige Bereich trostlos, nüchtern oder gar verwahrlost, löst dies bei allen Menschen, die Ihr Grundstück betreten, irritierende Empfindungen aus. Betrachten Sie Ihr Grundstück einmal mit den Augen eines Gastes: Wirkt das Gartentor einladend, ist ein Namensschild erkennbar oder sehen Ihre Besucher als Erstes die Mülltonnen? Funktioniert die Klingel, lässt sich das Tor gut öffnen, ist der Zugangsweg in einem guten Zustand oder verhängen Sträucher oder Ranken den Weg? Zielt der Weg vom Tor zum Haus schnurgerade auf den Eingang zu oder geleitet er den Gast in harmonischem Schwung zum Haus? Wie immer Sie Ihren Vorgarten auch gestalten wollen: Ihr wichtigstes Ziel sollte sein, diesen Bereich mit freundlich-frischen Impulsen aufzuwerten, damit das Nachhausekommen zu jeder Tages- und Nachtzeit ein erfreuliches Ereignis wird.

Der ideale Gartenweg

Der Weg zum Eingang symbolisiert die verbindende Nabelschnur zwischen Ihnen und der Außenwelt. Die besten Gartenwege sind solche, die in sanften Schwüngen die Menschen durch den Garten – und im Falle des Vorgartens zum Eingang leiten, anstatt sie auf unnatürliche, kerzengerade Achsen zu zwingen. Die Wegführung sollte scheinbar zufällig wirken, so, als wäre ein sanft durch die Landschaft fließendes Bächlein der Architekt des Wegverlaufs. Zusätzlich können Sie einem Weg noch »Leben einhauchen«, indem Sie ihn so anlegen, dass er abwechselnd breiter und wieder schmäler wird. Wählen Sie für den Belag möglichst natürliche Materialien, die aus der Umgebung kommen, wie Klinker, Natursteinplatten, Kies, Sand, Holzbohlen oder Rindenmulch. Achten Sie dabei immer auf gute Trittsicherheit. Vermeiden Sie kalte Betoneinfassungen an Wegen, sondern bepflanzen Sie sie mit einer bunten Mischung aus Pflanzen in verschiedenen Farben, Formen und Höhen. Accessoires wie Terrakottagefäße oder -figuren, Steine, Rosenkugeln oder Gartenleuchten rechts und links des Wegs wirken zusätzlich belebend.

Schutz und Harmonie

Der Vorgarten stellt sehr oft die schützende Schildkröte (→ Seite 13) des Gebäudes dar, da die Hauptblickrichtung meist zur gegenüberliegenden Seite

Ein freundlicher Gartenzugang. Er markiert eine klare Trennung zwischen Außen und Innen, wirkt aber trotzdem einladend und sympathisch.

Auch ein größerer Vorgarten kann einladend sein. Anstelle eines schmalen Pfads empfängt den Besucher ein größerer »Ankommensplatz« und eine locker bewachsene, runde Trockensteinmauer. Die angrenzende Grünfläche kombiniert Offenheit mit schützendem Randbewuchs. Hier finden Kinder sogar Platz zum Spielen.

des Grundstücks geht. Dieser Gartenbereich sollte daher einen ausreichenden Schutz bieten, also gleichsam die stabilisierende »Rücklehne« des Anwesens bilden.

Eine wirkungsvolle und doch transparente Abgrenzung zur Straße schaffen Sie, wenn Sie anstelle einer Thuja-Hecke oder Mauer entlang der Grenze unterschiedlich geformte Natursteine platzieren. Pflanzen Sie zur Belebung in die Zwischenräume möglichst vielfältige Sträucher – das wirkt lebendig und sympathisch. Stärkeren Schutz bietet eine halbhohe Hecke, beispielsweise Hainbuche oder Feuerdorn. Gleichzeitig sollte der Vorgarten stimmungsvoll mit bunten, duftenden Blütenpflanzen und freundlichen Accessoires bestückt sein. Ein besonderer Willkommensgruß ist eine einladende Gartenbank oder ein kleines Wasserobjekt. Notwendige, aber weniger attraktive Objekte wie die Mülltonne sollten idealerweise an einem unauffälligeren Platz etwas vom Eingang entfernt stehen (→ Seite 56).

DEN GARTEN VERÄNDERN

Hängen und Böschungen Halt geben

Je stärker das Gefälle eines Grundstücks ist, desto instabiler wird sein Energiegefüge. Wenn das Haus selbst unmittelbar im Steilhang steht, liegt es direkt im Einfluss äußerst starker, nach unten ziehender Energieströme. Auch der Chi-Fluss im Garten wird geschwächt. Das kann bei den Bewohnern zu Rastlosigkeit führen und insgesamt das Leben instabil und unnötig mühsam werden lassen.

Das Chi stabilisieren

Machen Sie einfach das, was unsere Vorfahren seit Urzeiten in steileren Bergregionen taten: Terrassieren Sie den Hang. Dadurch werden die ansonsten abziehenden Chi-Ströme gebremst und stabilisiert, besonders, wenn die Kanten zusätzlich bepflanzt sind. Verwenden Sie zum Stabilisieren der Terrassen möglichst natürliche Materialien wie Steine oder Holz. Eine sehr gute Lösung sind Naturstein-Trockenmauern. Sie haben einen schönen Nebeneffekt, weil sie auch vielen Kleintieren einen Lebensraum bieten.

Das Chi nach oben lenken

Je mehr Energie nach unten abfließt, umso intensiver sollten Sie zu Maßnahmen greifen, die die Energie wieder zurück nach oben lenken. Gut geeignet sind zum Beispiel Gartenstrahler auf hohen, säulenförmigen Füßen, die vom unteren Grundstücksende zum oberen Teil hinaufleuchten. Sie sind in der Lage, das abziehende Chi wieder nach oben zu »schaufeln« – auch wenn Sie täglich nur ein paar Stunden leuchten. In schneearmen Lagen erzeugen auch Bodenstrahler mit einem hangaufwärts gerichteten Lichtkegel einen ähnlichen Effekt, wenn der Bewuchs nicht zu hoch und dicht ist.

Böschungen: die Energie nach oben lenken

Um eben aus dem Wohnzimmer auf die Terrasse treten zu können oder um ein Stück gerader Gartenfläche zu erhalten, wird das Gelände oftmals angeschüttet und gegenüber dem Umfeld erhöht angelegt. Dadurch entstehen an den Seiten mehr oder weniger steile Böschungen, die gerne mit pflegeleichten bodendeckenden immergrünen Nadelgehölzen bepflanzt werden. Solche Koniferen-Monokulturen bedeuten nicht nur eine ökologische Verarmung des Lebensraums, sie verursachen aus Feng-Shui-Sicht auch Unruhe und Instabilität: Wegen ihrer erdnahen, kriechenden Wuchsform sind sie nicht in der Lage, die Umfeldenergie des Hauses zu stabilisieren.

Damit diese Energie nicht über die Böschung nach unten abfließt und verloren geht, können Sie am Rand einige schwere Kübelpflanzen aufstellen, am besten sind Terrakotta- oder Steingefäße. Auch andere gewichtige Objekte wie Steine, Statuen oder Tröge sind dafür geeignet. Je größer die zu stabilisierende Fläche und je steiler die Böschung, desto mehr schwere Gegenstände sollten Sie einsetzen. Solche Objekte stabilisieren übrigens auch das Chi an großen Hängen, wenn Sie keine Terrassen-Stufen einbauen können oder wollen. Auch ein niedriger Wall an der Geländekante wirkt stabilisierend. Setzen Sie außerdem zwischen die Nadelgehölze Pflanzen mit aufsteigender Holz-Energie. Dazu zählen beispielsweise Tulpen, Studentenblume oder Sonnenhut, aber auch Farne oder Rhododendron-Sträucher. Sie alle helfen, die Energie wieder nach oben zu lenken.

NATÜRLICH Je organischer sich ein Gestaltungselement ins Gelände einfügt, desto besser. Die aus Natursteinen errichtete, stufige Trockensteinmauer bietet Lebensraum für Kleintiere, befestigt das Gelände, ist ein sympathischer Blickfang – und stabilisiert das Chi im gesamten Umfeld. Geschickt ausgeführt, kann sie zugleich Sitz- und Kommunikationsplatz sein oder einfach als Podest für kreative und pfiffige Accessoires dienen. So wird aus einer Problemzone ein optisches und energetisches Highlight.

DEKORIEREN Auch Treppen können Energie nach unten ziehen. Unbewusst platzieren daher viele Gartenbesitzer auf den Stufen Terrakottatöpfe, Steinfiguren, Vogeltränken oder Laternen. Dass sich eine so dekorierte Treppe »besser anfühlt«, hat damit zu tun, dass diese schweren Gegenstände die Energien stabilisieren. Allerdings sollte noch genug Platz sein, um ungehindert daran vorbeigehen zu können.

BELEUCHTEN Licht zieht Aufmerksamkeit an und lenkt auch Energien sehr effizient. Ein Strahler am Fuß der Böschung führt Chi wieder nach oben, Spots oder beleuchtete Dekos schaffen ein Energiefeld.

DEN GARTEN VERÄNDERN

Licht und Weite in den Garten bringen

Je näher und dichter Bäume an Ihrem Haus stehen, umso wahrscheinlicher entsteht dadurch eine Blockade der Energie in den Innenräumen. Wenn dazu der Ausblick versperrt ist – was beispielsweise auch durch ein nahes Gebäude der Fall sein kann – und nur wenig Sonne zu den Fenstern durchdringen kann, ist das Chi-Potenzial gebremst.

Bäume beleben

Da auch Bäume lebendige Wesen sind, sollten Sie sich sehr genau überlegen, ob Sie gleich zur Axt greifen. Denn Sie reißen durch das Fällen auch ein mächtiges Loch in das gewachsene Energiegefüge des Gartens. Oft genügt schon ein behutsames Auslichten der Äste, um wieder genügend Licht in den Garten und ins Haus einzulassen.

Ist Auslichten nicht möglich oder reicht es nicht aus, können Sie die blockierende Wirkung auch entschärfen, indem Sie den Baum von unten beleuchten oder ihn zum Kinderspielbereich umfunktionieren. Befestigen Sie zum Beispiel eine Schaukel an einem Ast oder errichten Sie ein Baumhaus in der Krone. Vom Spiel der Kinder wird viel heiteres Chi ausgehen und den Garten und das Haus mit mehr Leichtigkeit und Freude »bestrahlen«. Auch ein Klangspiel oder ein Nistkasten kann zu einer positiven Veränderung der emotionalen und energetischen Wirkung des Baumes auf die Menschen in der Umgebung beitragen.

Schatten: Farben bringen Freude

Da Enge und Schatten dem Yin zugeordnet werden, Weite und Sonne dagegen dem Yang, überwiegt in einem zugewachsenen und engen Garten die Yin-Energie. Beide Energien sollten aber in einem ausgewogenen Verhältnis vorhanden sein, damit in einem Garten eine harmonische energetische Stimmung entsteht.

Ein Übermaß an Schatten erzeugt nicht nur ein Verlangen nach Sonne, die Bewohner werden auch passiver und introvertierter. Das mag für kurze kontemplative Lebensabschnitte durchaus erwünscht

Sträucher mit auffälliger Laubfärbung sorgen selbst in den trostlosesten Ecken für eine frische Atmosphäre.

Licht und Weite in den Garten bringen

Dieses Lichtobjekt aus durchsichtigen Schalen ist ungewöhnlich und dafür umso wirksamer: Es kombiniert sprudelndes Wasser mit Lichteffekten.

Die abwechslungsreiche Buchs-Insel und der freie Rasen bilden einen wichtigen harmonischen Gegenpol zum Sitzplatz unter dem Baum.

sein, auf die Dauer wirkt sich ein solcher Zustand aber ungünstig aus.

Sie haben folgende Möglichkeiten, Licht in den Schatten zu bringen:

Lichten Sie die Bäume zunächst aus. Gehen Sie dabei nicht zu zaghaft vor. Überlegen Sie jedoch gut, wie stark der Schnitt sein soll und welche Äste Sie schneiden dürfen. Informieren Sie sich bei einem Fachmann, wenn Sie unsicher sind.

Anschließend beleben Sie den Garten. Kümmern Sie sich dabei besonders um die Schattenzonen. Je frischer, lebendiger, bunter und freudvoller Sie den Schattenbereich gestalten, umso mehr Yang-Kräfte bringen Sie als Ausgleich hinein. Besonders effizient wirkt alles, was der Feuer-Energie entspricht, also eine Feuerstelle, ein Grillplatz oder ein Gartenlicht und Feuerpflanzen wie Riesen-Lauch und Sonnenblume sowie Pfaffenhütchen. Auch Holzelemente, die ebenfalls dem aktivierenden Yang zugeordnet werden, sowie Holzpflanzen wie Sonnenhut oder der Hohe Phlox tun der Energie sehr gut.

> **Mehr Chi und Licht: Gartenspiegel**
>
> Kreative Designer und Gartengestalter experimentieren schon einmal mit ungewöhnlichen Mitteln. Zu diesen Licht und Energie fördernden Elementen gehören auch GARTENSPIEGEL. Bekannt wurden Spiegel im Garten durch die bunten Rosenkugeln, wie sie traditionell schon seit Langem in heimischen Gärten anzutreffen sind.
>
> Es muss aber nicht immer Glas sein: Jedes spiegelnde wetterfeste Material, beispielsweise poliertes METALL, eignet sich als Gartenspiegel. An der richtigen Stelle kann es Licht in dunkle Zonen ziehen (oder reflektieren) oder enge Bereiche einfach offener erscheinen lassen. Erlaubt ist, was gefällt und den Garten lebendiger, strahlender und freundlicher erscheinen lässt. Vertrauen Sie auch hier ganz auf Ihr Gespür, dann treffen Sie bestimmt die richtige Wahl.

DEN GARTEN VERÄNDERN

Belastungen und Lärm abschirmen

Es muss ja nicht gleich eine stark befahrene Straße, eine benachbarte Bahn- oder Straßenbahntrasse oder gar ein in der Nähe liegender Flughafen oder eine Betriebsansiedlung sein – auch der Lärm kleiner, regelmäßig befahrener Straßen kann zu einer Dauerbelastung und zum Stressfaktor werden. Wer hingegen das Glück hat, in einer ruhigen Gegend zu wohnen, genießt von vornherein stabileres und hochwertigeres Chi als in lauten Wohngebieten. Es ist deshalb kein Wunder, dass die besseren Wohngegenden traditionell in den Ruhelagen zu finden sind. Lärm ist ein Energieräuber, ob man ihn nun bewusst wahrnimmt oder nicht. Natürlich macht es einen Unterschied, wenn man sich bei jedem vorbeifahrenden Zug oder Sattelschlepper auch noch ärgert, aber ein gewisses Maß an unterschwelliger Belastung ist immer da.

Den Lärm filtern

Da man die Lärmverursacher oft nicht einfach abstellen oder entfernen kann, müssen Sie für Abhilfe in Ihrem eigenen Umfeld sorgen.
Sofern genügend Platz im Garten vorhanden ist, sind filternde Lärm-, Staub- und Sichtschutzbepflanzungen (beispielsweise Hecken), ja sogar Lärmschutzwände ein guter erster Schritt, um die Belastung so weit wie möglich fernzuhalten. Achten Sie aber darauf, dass die Lärmschutzwand nicht den »Ausblick nach vorne« gänzlich verstellt. Dies würde

Eine natürliche, selbst geflochtene Lärm- und Sichtschutzwand – in Kombination mit einer immergrünen Begleitpflanzung eine schöne Ganzjahreslösung.

auf Dauer wiederum zu Barrieren im Leben führen. Damit eine Lärmschutzwand nicht bedrückend und düster wirkt, sollten Sie ihre Erscheinung so lange verändern, bis der Anblick erfreulich und lebendig wirkt. Begrünen Sie die Wand mit Kletterpflanzen und wählen Sie eine lockere Mischung aus Gewächsen mit unterschiedlicher Form, Farbe und Höhe. Kombinieren Sie grüne Kletterpflanzen wie Efeu, Pfeifenwinde und Wilden Wein mit Clematis, Blauregen oder Geißblatt mit ihren reizvollen Blütenkaskaden. Vermeiden Sie aber, dass der Garten durch die Begrünung der Wand ganz zuwächst, weil das seinerseits wieder eine neue Blockade erzeugen würde. Bunte Objekte aus Keramik oder Metall helfen, eine eventuell durch eine Wand entstehende Blockade aufzulösen.

Lärm überlagern

Um den verbleibenden Lärm erträglich zu machen oder zu überlagern, verwenden Sie die Kraft sprudelnden Wassers. Installieren Sie in der Nähe Ihres Lieblingsplatzes einfach einen Brunnen oder Sprudelstein und lassen Sie das Wasser konstant – oder zumindest während Sie im Garten sind – in das Becken sprudeln. Das dabei entstehende wohltuende Plätschern überdeckt auf sympathische und angenehme Art den Lärm im Hintergrund. Und da lebendiges Wasser auch gleichzeitig das Chi erhöht (es entstehen wie in der Nähe eines Wasserfalls viele vitalisierende Sauerstoff-Ionen), profitieren Sie gleich doppelt.

Auch andere harmonische Geräusch- und Klangquellen sind herzlich willkommen: Brutkästen laden zwitschernde Vögel ein. Auch ein Klangspiel im Baum oder einige Sträucher oder Bäume mit sanft im Wind raschelnden Blättern können die Klangwelt im Garten sehr stimmungsvoll aufwerten.

Mehrstufiger Schutz und Filter nach außen: Achten Sie aber darauf, dass Sie mit Hecken Ihre wichtigen Aussichtsrichtungen nicht versperren.

Schneidendes Chi unterbinden

So wünschenswert Chi auch ist – im Übermaß geballt kann Energie auch ungesund sein. So kann Chi zum Beispiel auf schnurgeraden Straßen oder Wegen zu konzentriert und deshalb belastend werden. Auch wenn aus der Umgebung eine Hauskante, ein Dachgiebel oder eine Straße direkt auf Ihr Haus zielt, entsteht schneidendes Chi (Sha Chi), vor dem Sie sich schützen sollten. Diese aggressiven Energieströme verursachen Unruhe und wirken schwächend.

Sie können diese Sha-Energie jedoch einfach mit Spiegelkugeln (Rosenkugeln) reflektieren. Eine weitere Möglichkeit ist, die Sicht auf den Problemverursacher zu unterbinden – etwa indem Sie einen Strauch, einen Baum oder eine Pergola davor platzieren. Auch geschwungene Wege mit dazwischengepflanzten Sträuchern schützen vor Sha Chi.

DEN GARTEN VERÄNDERN

Kleinheit überwinden

Manche Gärten wirken klein und eng, obwohl die Fläche gar nicht so gering ist. Umgekehrt können winzige »Handtuchgärten« durchaus offen und einladend gestaltet sein. Worauf sollten Sie also achten, um bei einer Neuanlage oder Umgestaltung den Garten nicht durch eigene Fehler einzuengen und damit den Chi-Fluss unnötig zu bremsen? Und was tun Sie, um einen beengend wirkenden Garten so umzuformen, dass Ihr grüner Lebensraum zu einem Hort positiver und lebendiger Chi-Kräfte wird? Erinnern Sie sich an das universell gültige »Lehnstuhlprinzip« (→ Seite 13)? Nach diesem sollte jeder gute Wohnsitz neben dem Schutz im Rücken und einem gewissen Halt zu den Seiten vor allem eine gute Aussicht nach vorne bieten. Da das »Vorne« symbolisch für die eigene Zukunft steht, sollten alle einengenden Bäume, Sträucher, Hecken und sonstigen Barrieren in dieser Richtung sehr kritisch analysiert werden: Wie offen ist mein Fenster in die Welt? Ist mein liebster Aussichtspunkt im Umfeld gar total verbaut? Die Zukunftsrichtung wird unbewusst als so wichtig wahrgenommen, dass wir uns regelrecht eingesperrt fühlen können, wenn wir diese nicht frei einsehen können.

1 Mit dem Sitzplatz wandern

Wenn man den Garten nach vorne nicht gut öffnen kann, verändert man einfach die Perspektive. Hier wurden Tisch und Stuhl an die bewachsene Grüninsel gerückt und damit die Blickrichtung verändert.

2 Höhenunterschiede nutzen

Manchmal muss man nur einen Baum, einen Strauch oder die Pergola entfernen, um plötzlich

wieder durchzuatmen zu können. Der gewonnene Freiraum darf dann auch gestaltet werden – etwa im Zen-Design mit weißem Kies oder durch eine geschwungene, lebendige Pflasterung.

3 Randbereiche einbeziehen

Auch mit wenig Raum lässt sich der Eindruck von Offenheit erzeugen. Führen Sie einen kleinen Weg einfach seitlich an die Grundstücksgrenze und schaffen Sie dort eine kleine Erweiterung mit Sitzbank. Sie werden überrascht sein, wie magisch Sie von dieser gemütlichen Insel angezogen werden.

4 Das Zentrum freilassen

Wie sieht Ihr Zentrum bzw. die Zone, die unmittelbar vor Ihrem Wohnzimmer oder der Terrasse liegt, aus? Ist hier alles ziemlich zugewachsen oder können die Kinder unbeschwert toben und Ball spielen? Für den Energiehaushalt des Grundstücks ist die Mitte fast genauso wichtig wie die Aussicht ins Umfeld. Das Motto lautet: Je offener, desto besser. Platzieren Sie Nutzflächen wie Beete oder umwachsene Sonneninseln daher besser an den Rand.

5 Das Spiel mit Akzenten

Je kleiner ein Garten ist, desto wichtiger ist die Auswahl jeder einzelnen Pflanze. Meist ist es in Reihenhausgärten völlig ausreichend, wenn Sie eine nicht zu hohe und dominante Pflanze an einen markanten Blickpunkt setzen. Diesen sollten Sie vom Wohnzimmer aus definieren. Denken Sie bei der Auswahl der Pflanzen jedoch immer daran, wie groß und breit sie im ausgewachsenen Zustand einmal sein werden.

DEN GARTEN VERÄNDERN

Alles was man braucht, aber was stört

Nicht alles, was praktisch oder notwendig ist, fördert uneingeschränkt Chi und Wohlbefinden. So meldet das »innere Empfinden« wahrscheinlich auch bei Ihnen Bedenken an, wenn Sie beim Nachhausekommen gleich am Eingang von Mülltonnen oder dem Kompost »begrüßt« werden. Dass Unrat negative und somit alles andere als wünschenswerte Schwingungen beim Eingang manifestiert, ist heute fast jedem klar, selbst wenn er sich nicht mit Feng Shui beschäftigt. Ähnlich problematisch sind Kanaldeckel am Weg zum Hauseingang. Allein der hässliche Anblick eines Kanaldeckels ist aus Feng-Shui-Sicht nicht das Allerbeste.

Mülltonne: Neuer Standort gesucht

Soweit möglich, sollten Sie versuchen, einen anderen Platz für Ihre Mülltonne zu finden als den Eingangsbereich. Er sollte am besten einige Meter weit weg von Fenstern und Eingang liegen. Bedenken Sie bei der Suche aber auch den Anblick von der Straße her, denn was man von Ihnen hält, wird auch davon beeinflusst, wie man Sie und Ihr Haus von außen wahrnimmt. Sorgen Sie daher regelmäßig für die Sauberkeit der Tonne und des Standplatzes.
Wenn kein neuer Standort infrage kommt, hilft nur tarnen. Ein – idealerweise begrünter – Holzverschlag wird von den Containern ablenken. Kletterpflanzen (→ Kasten Seite 57) lassen nicht nur optisch den Verschlag verschwinden, sie transformieren auch die energetische Ausstrahlung der Behälter. Genauso wirkungsvoll ist es, wenn Sie Ihre Tonne ganz einfach mit einer kleinen Hecke umgeben.

Kompost: Quelle für neues Chi

In jeden Feng-Shui-Garten gehört auch ein Kompost, in dem durch die Umwandlung von Abfällen in Erde neues Chi entsteht. Allerdings kann ein Kompost auch eine negative Ausstrahlung haben, wenn er schlecht gepflegt ist und es zu Schimmelbildung und Fäulnis kommt. Nehmen Sie sich deshalb die Zeit, sich ausreichend um Ihren Kompost zu kümmen. Sorgen Sie zunächst für den geeigneten Platz. Der Kompost sollte, damit er die Nährstoffe behält, jedoch nie bepflanzt werden. Halten Sie den Kompostplatz immer ordentlich. Damit er einen erfreu-

1 Zaubern Sie den Müllplatz einfach weg. Das Rezept: ein luftiger Holzverschlag und ein paar schnell wachsende Kletterpflanzen.

2 Der Kompost symbolisiert »zukünftige Fülle«. Er sollte gut gepflegt sein, dann passt er in (fast) jede Zone – außer in die Reichtums-Ecke.

Alles was man braucht, aber was stört

lichen Anblick bietet, empfiehlt es sich, den Platz mit einem begrünten Sichtschutz zu umgeben.

Kanaldeckel: beleben und verschönern

Befinden sich Kanaldeckel auf dem Weg zum Hauseingang, laufen Bewohner und Besucher hier über dem Energiefeld des verschmutzten Wassers. Dabei erleidet Ihre Aura jedes Mal eine unsichtbare, die Energie abziehende »Schmutzattacke«. Doch es gibt eine einfache Lösung: Kinder lassen viel heiteres Chi in ihre »Kunstwerke« einfließen und verändern damit die Schwingung des bemalten Gegenstands positiv. Laden Sie deshalb einfach Kinder zu einem lustigen Malnachmittag ein und lassen Sie sie unbeschwert die Kanaldeckel bemalen! Sie werden merken, dass sich Ihre Wahrnehmung des Platzes angenehm verändern wird. Wenn der Deckel nicht unmittelbar im Zugang, sondern daneben liegt, gibt es noch eine hübsche Lösung: Stellen Sie einen Pflanzkübel mit üppig blühenden und duftenden Gewächsen darauf – so polen Sie das belastende Chi über diesen »lebendigen Filter« einfach um!

Dominierende Garage abschirmen

Ist die Garage der erste und ins Auge springende Anblick, der sich Ihnen beim Nachhausekommen bietet? Dann drängt sich die »Nebensache Auto« unnötig stark in den Vordergrund. Das kann bedeuten, dass Ihr Fokus nicht unbedingt auf den wirklich wichtigen Dingen liegt, sondern andere Dinge tendenziell für Sie wichtiger sind.
Doch es gibt eine einfache Lösung: Nehmen Sie der Garage oder dem Carport am besten mit Kletterpflanzen ihre Wuchtigkeit. Lassen Sie so viel Fläche als möglich bis hinauf zum Dach bewachsen – und vergessen Sie auch nicht die Garagenseite, die Sie vom Haus aus sehen. Dadurch wird die strenge

Holzwände können wie eine Barriere wirken. Lockern Sie sie durch eine wuchernde Bepflanzung auf.

Struktur aufgelöst und die Garage zur Nebensache erklärt. Wenn Sie keine Pflanzen setzen können, dann streichen Sie das Gebäude einfach in einem dezenten Grün. Diese Farbe entspricht dem Element Holz und schafft Ausgleich für die durch die Garage blockierte Lebensenergie.

Grüne Paravents aus Kletterpflanzen

Kletterpflanzen sind die Nummer eins, um im Garten Unschönes mit einem blühenden Paravent zu kaschieren. Bewährt haben sich: Kletterrosen *(Rosa*-Arten) und Waldrebe *(Clematis*-Arten) mit ihren Blütenkaskaden oder Efeu *(Hedera helix)* und Wilder Wein *(Parthenocissus quinquefolia)*, die einen blickdichten grünen Vorhang zaubern. Der Wein glänzt im Herbst zudem mit rotem Laub.

GLOSSAR

Bagua

Das Bagua ist ein neunteiliges Raster, das den Grundriss von Grundstücken und Häusern in acht äußere und einen inneren Bereich teilt. Es ist ein Hilfsmittel zur Analyse des Gartens und gibt Auskunft über die Lebensaspekte Karriere, Partnerschaft, Familie, Reichtum, Zentrum (Tai Chi), Hilfreiche Freunde, Kinder, Wissen und Ruhm.

Chi

Die universelle Lebensenergie (auch Qi genannt), die unsichtbar und doch in allem vorhanden ist. Das Chi sollte harmonisch fließend den gesamten Garten beleben.

Drache

Eines der himmlischen Tiere. Der Drache steht an der linken Gartenseite. Diese entspricht der aktiven Frühlings-Energie des Ostens und sollte auffallend und dynamisch gestaltet werden.

Elemente

Die Fünf Elemente Holz, Feuer, Erde, Metall und Wasser stehen für fünf Energiequalitäten.

Elemente-Mangel

Fehlt ein Element im Umfeld oder Garten überwiegend oder ganz, sollte es aktiviert bzw. integriert werden. Mithilfe des → förderlichen Zyklus eruiert man jenes Element, das das fehlende aktivieren kann. Dieses wird durch die entsprechenden Farben, Formen, Materialien und Pflanzen so oft wie möglich eingesetzt.

Elemente-Überschuss

Ist im Umfeld oder im eigenen Garten ein Element besonders stark vorhanden, kann das ein Ungleichgewicht im Energiegefüge des Gartens bedeuten. Dieses Ungleichgewicht kann man ausgleichen, indem man das dominierende Element entschärft. Dazu bedienen Sie sich des → hemmenden Zyklus und aktivieren jenes Element, das das übermächtige Element kontrolliert.

Energiefluss

→ Chi. Die Kunst des Feng Shui ist darauf ausgerichtet, alle Bereiche des Grundstücks gleichmäßig mit lebendigem Chi zu versorgen.

Erde-Element

Dieses Element steht für sammelnde und aufnehmende Energie und ist vergleichbar mit dem Spätsommer. Seine Farben sind Gelb, Ocker, Orange und Braun.

Familien-Zone

Bereich des Bagua, der mit den Beziehungen zu Eltern und Vorfahren und Vorgesetzten verbunden ist.

Fehlbereich

Ein harmonisches → Bagua besteht aus neun ausgewogenen Abschnitten. Wenn zum Beispiel bei einem L-förmigen oder unregelmäßig geformten Grundstück ein Teil des Bagua fehlt, spricht man von einem Fehlbereich. Dieser sollte ausgeglichen werden, indem man die Fehlbereiche mit ihnen entsprechenden Elementen, Pflanzen etc. stärkt.

Feuer-Element

Dieses Element steht für aktive, nach außen gerichtete Energie und ist vergleichbar mit dem Sommer. Seine Farbe ist Rot.

Förderlicher Zyklus

Im Feng Shui sind die Fünf Elemente in einem Kreis angeordnet. Jedes Element fördert das ihm folgende Element: Holz nährt und fördert Feuer, Feuer erzeugt mineralische Asche und fördert Erde, Erde enthält Erze und fördert Metall, an Metall kondensiert Wasser, Wasser nährt und fördert Holz.

Fünf-Elemente-Lehre

Die Elemente Holz, Feuer, Erde, Metall und Wasser sind Sinnbilder für fünf verschiedene, sich ergänzende Energien, die alle im Umfeld (und im Menschen) ausreichend stark vorhanden sein sollten. Einseitigkeiten deuten auf ein Ungleichgewicht hin und sollten daher ausgeglichen werden. Dazu bedient man sich des → förderlichen und des → hemmenden Zyklus.

Hemmender Zyklus

Auch Kontroll-Zyklus genannt. Bei den in einem Kreis angeordneten Fünf Elementen dominiert bzw. hemmt jedes Element das jeweils übernächste. Wasser löscht Feuer, Feuer schmilzt Metall, Metall spaltet Holz, Holz entzieht der Erde Nährstoffe, Erde begrenzt Wasser.

Hilfreiche Erweiterung

Hat ein quadratischer oder recht-
eckiger Grund an einem oder meh-
reren Bereichen einen kleinen Vor-
sprung, so spricht man von einer
hilfreichen Erweiterung. Sie bedeutet Extra-Chi, sie wirkt also für den
jeweiligen Sektor stärkend.

Hilfreiche-Freunde-Zone

Bereich des Bagua, der mit den
geistigen und materiellen Hilfen für
das Leben verknüpft ist.

Himmlische Tiere

→ siehe Lehnstuhlprinzip

Holz-Element

Dieses Element steht für nach oben
strebende Energie und ist dem Frühling zugeordnet. Seine Farbe ist Grün.

Karriere-Zone

Bereich des Bagua, der mit dem
beruflichen und privaten Lebensfluss zusammenhängt.

Kinder-Zone

Bereich des Bagua, der mit den
leiblichen und geistigen Kindern
verbunden ist.

Lehnstuhlprinzip

Eine Umschreibung der vier →
himmlischen Tiere. Der ideale Feng-
Shui-Garten sollte demnach im
Rücken (hinten) geschützt sein
(Schildkröte), seitlich durch Drache
und Tiger stabilisiert werden und
nach vorne Offenheit und Aussicht
ermöglichen (Phönix).

Metall-Element

Dieses Element steht für die nach
innen gehende, verdichtete Energie
und ist dem Herbst zugeordnet. Seine Farben sind Weiß, Silber sowie
Grau.

Partnerschafts-Zone

Bereich des Bagua, der mit Ihren
Beziehungen zu anderen Menschen
verknüpft ist.

Phönix

Eines der → himmlischen Tiere. Der
Phönix entspricht der Weite und
dem Blick vom Grundstück aus
nach vorne.

Reichtums-Zone

Bereich des Bagua, der mit dem
materiellen und geistigen Reichtum
verknüpft ist.

Ruhm-Zone

Bereich des Bagua, der mit dem
öffentlichen Ansehen verbunden
ist.

Schildkröte

Eines der → himmlischen Tiere. Sie
symbolisiert die Rückseite des
Hauses, die im Idealfall durch einen
Hügel oder eine dichte Bepflanzung
geschützt werden sollte.

Schneidendes Chi (Sha Chi)

Die Stress auslösende Form des
→ Chi. Sie wird meist durch zu starke Energieströme verursacht, etwa
durch Straßen, Kanten, gerade
Wege, Spitzen und andere »Unru-

hestifter« wie beispielsweise Lärm,
kranke Pflanzen oder kaputte
Gegenstände. Schneidendes Chi
sollte immer entschärft werden.

Tiger

Eines der → himmlischen Tiere.
Der Tiger entspricht der rechten
Gartenseite. Er entspricht der sich
verdichtenden Energie des Westens
und sollte sanfter und niedriger
sein als die gegenüberliegende
Drachen-Seite.

Wasser-Element

Dieses Element steht für nach innen
gekehrte und fließende Energie.
Ihm werden der Winter und Farben
wie Blau und Schwarz zugeordnet.

Wissens-Zone

Bereich des Bagua, der mit der
Intuition verknüpft ist.

Yang

Die männliche, sendende, aktive
Kraft der sich ergänzenden, gegensätzlichen Kraftimpulse. Sie steht
für Aktivität, Hitze, Sommer und
Dynamik.

Yin

Die weibliche, nährende, empfan-
gende Seite des Chi. Symbolisiert
Dunkelheit, Winter, Feuchte und
Passivität.

Zentrum (Tai Chi)

Zentrale Zone des Bagua, die mit
der Lebenskraft und Gesundheit
verknüpft ist.

REGISTER

Die **halbfett** gesetzten Seitenzahlen
verweisen auf Abbildungen.

A

Abgrenzung 47
Accessoires 14, 15, 16, 46
Adern des Chi **9**
Ageratum houstonianum 34
Alant, Großer 32
Alpenvielchen, Efeublättriges 35
Anthemis tinctoria 32
Antirrhinum majus 32
Aster novae-angliae 35
Aster-Dumosus-Sorten 34
Aurinia saxatilis 33
Auslichten 50, 51

B

Bach 15
Bagua 18, 19
Bagua-Analyse 25
Bagua-Zonen 18, 19, 20, 21, 26, 36
Bambus-Arten 31
Bartnelke 34
Blauregen 53
Blut-Weiderich 33
Bodenstrahler 48
Böschungen 48
Brunnen **16,** 53

C

Calendula officinalis 35
Chi 6, **6**, 7, 10, **10**, 23, **23**, **27**, 48
  –, schneidendes 6, 53
Clematis 53, 57
Cortaderia selloana 34
Cosmos bipinnatus 33
Cotoneaster salicifolius var.
  salicifolius 32
Cyclamen hederifolium 35

D

Delphinium-Pacific-Hybriden 31
Dianthus barbatus 34

Digitalis purpurea 35
Drache 13

E

Edelflieder 33
Edel-Pfingstrose 34
Efeu 53, 57
Elemente prüfen 26
  – stärken 28
Elemente-Kreislauf **17**
Erde-Element **14,** 15, 16, 17, **27,** 33
Erigeron-Hybriden 35
Euonymus europaeus 32

F

Familie (Bagua-Zone) 14, 20, 29, 38
Färberkamille 32
Fargesia 31
Farne 48
Feinstrahlaster 35
Felsen-Steinkresse 33
Feuer-Element 14, **14,** 16, **27,** 32
Feuerlilie 32
Feuerplatz 14, 51
Fingerhut 22, 35
Fördernder Zyklus 16, 28
Freiflächen **9, 39**
Frühlingsknotenblume 33
Fünf Elemente 14, 22, 28
Fünf-Elemente-Kreislauf 16, **16**

G

Galanthus nivalis 33
Garage 57
Gartengladiole 32
Gartenleuchten 14, 17, 19, 48
Garten-Margerite 32
Gartenspiegel 51
Garten-Stiefmütterchen 35
Garten-Strohblume 35
Gartentor 46
Gartenzugang **56**
Geißblatt 23, 53
Gentiana asclepiadea 33

Gladiolus-Hybriden 32
Glyzine 34
Gräser **14**
Grillplatz 14, 51
Grundstück 8, 13, 19, 25, 46
  –, Fehlbereiche 19

H

Hang 19, 48, **49**
Hauswurz 33
Hecken 19, 47, 52
Hedera helix 57
Heiligenkraut 33
Helianthus annuus 32
Helichrysum bracteatum 35
Heliotrop 23
Hemmender Zyklus 16, 28
Hilfreiche Freunde (Bagua-Zone)
  20, 29, 37, **38**
Hoher Phlox 31
Holz-Element 14, **14,** 16, **27,** 29
Holzwände **57**
Hyazinthen 31

I

Inula magnifica 32

K

Karriere (Bagua-Zone) 20, 29, 37
Kinder 21, 29, 40
Kinderspielbereich **40,** 50
Kissen-Aster 34
Klangspiel 15, 22, 50
Kletterpflanzen **43,** 53, 56, 57
Klinker 46
Kompost 56, **56**
Kübelpflanzen 48

L

Lärm 22, 52, 53
Lärmschutzwand **52**
Lavandula angustifolia 35
Lavendel 35
Lebensbaum 31

Leberbalsam 34
Leucanthemum x *superbum* 32
Leucojum vernum 33
Licht 50, **51**
Lilien 23
Lilium bulbiferum 32
Löwenmäulchen 32
Lythrum salicaria 33

M

Metall-Element 15, **15**, 16, 34
Metallobjekte 15, 53
Mispel, Weidenblättrige 32
Mülltonne 47, 56, **56**
Myosotis sylvatica 34

N

Nadelgehölze 13, 48
Naturstein-Platten 46
Naturstein-Trockenmauern 48
Nistkasten 50, 53

P

Paeonia lactiflora 34
Pampasgras 34
Papaver orientale 33
Paravents, grüne 57
Parthenocissus quinquefolia 31, 57
Partnerschaft (Bagua-Zone) 15, 21, 29, 42
Pergola 53
Pfaffenhütchen 32, 51
Pfeifenwinde 53
Phlox paniculata 'Landhochzeit' 31
Phlox, Hoher 51
Phönix 13
Phyllostachys 31
Pleioblastus 31
Polystichum regalis 31
Pracht-Goldrute 34
Pseudosasa 31

Q

Quellstein 22

R

Rasenfläche 12
Raublatt-Aster 35
Reichtum (Bagua-Zone) 14, 21, 29, 41
Rhododendron 22, 31, 48
Riesen-Lauch 51
Ringelblume 35
Rittersporn 'Percival' 31
Rosen 22, 57
Rosenbogen 22
Rosenkugeln 53
Ruheplatz 23
Ruhm (Bagua-Zone) 14, 21, 29, 42

S

Santolina chamaecyparissus 33
Sasa 31
Schatten 12, 50
Schildfarn, Weicher 31
Schildkröte 13
Schmuckkörbchen 33
Schneeglöckchen 33
Schwalbenwurz-Enzian 33
Semiarundinaria 31
Sempervivum-Hybride 33
Sha Chi 6, 53
Sichtschutzwand **52**
Sitzplatz **9**, 21, **43**, **52**
Solidago-Sorten 34
Sonnenblume **14**, 32, 48, 51
Sonnenhut 48, 51
Spiegelkugeln 53
Sprudelstein 15, 53
Steine 19, 23
Stele **15**
Strahler **49**
Syringa-Vulgaris-Sorten 33

T

Tai Chi 20
Teich 16
Terrakotta 15

Terrassierung 48
Thuja occidentalis 31
Tiere, vier himmlische 13
Tiger 13
Tonobjekte **14**, 15
Treppen **49**
Trockensteinmauer **49**
Tulpen 48
Türkischer Mohn 33
Türme 14

U

Umfeld 25, 26

V

Viola-Wittrockiana-Sorten 35
Vorgarten 46, **46**, 47, **47**

W

Waldrebe 57
Wald-Vergissmeinnicht 34
Wasserbecken **41**
Wasser-Element **6**, 15, **15**, 16, 17, 27, 35, **41**
Wasserrad 15, 22, 47
Wege **9**, 46, 53
Weigelie 35
Wein, Wilder 31, 53, 57
Wettereinflüsse 5
Wildtulpe 31
Wissen (Bagua-Zone) 15, 20, 29, 36, **37**
Wisteria sinensis 34

Y

Yang 12, 13, **13**, 22, 50, 51
Yin 12, 13, **13**, 22, 50

Z

Zentrum 15, 20, 29, 39
Ziertabak 23

SERVICE

Kurse und Ausbildungen

› Axis Mundi Akademie
Moltkestraße 12
D-84453 Mühldorf
mail@axis-mundi.info
www.axis-mundi.info

› Hagia Chora
Peter Frank-Schulleitung
Franziskusweg 37
D-82362 Weilheim
p.frank@hagia-chora.org
www.hagia-chora.org

Feng-Shui-Accessoires

› Günther Sator GmbH
Bodenstätt 11
A-5163 Mattsee
office@sator.at
www.sator.at
(hier auch Feng-Shui-Forum)

Wichtige **Hinweise**

› Einige der hier beschriebenen
Pflanzen sind giftig oder haut-
reizend. Sie dürfen nicht verzehrt
werden.

› Bewahren Sie Düngemittel für
Kinder und Haustiere unerreich-
bar auf. Halten Sie Kinder beim
Gebrauch fern.

› Wenn Sie sich bei der Garten-
arbeit verletzen, sollten Sie um-
gehend einen Arzt aufsuchen.
Eventuell ist eine Impfung gegen
Tetanus erforderlich.

› Willy Penzel Handels- und
Vertriebs-GmbH & Co. KG
Willy-Penzel-Platz 1-8
D-37619 Heyen
info@apm-penzel.de
www.apm-penzel.de

Literatur

› Sator, Günther: Feng Shui – Leben
und Wohnen in Harmonie. Gräfe und
Unzer Verlag, München

› Sator, Günther: Feng Shui – Die
Kraft der Wohnung entdecken und
nutzen. Gräfe und Unzer Verlag,
München

› Sator, Günther: Feng Shui – Kraftquelle Zimmerpflanzen. Gräfe und
Unzer Verlag, München

› Sator, Günther: Business Energy.
Orell Füssli Verlag, Zürich

› Meyer, Hermann/Sator, Günther:
Besser leben mit Feng Shui. Gold-
mann Verlag, München

› Clifton, Joan: Traumhafte Garten-
paradiese. Callwey Verlag, Munchen

› Ratsch, Tanja: Sichtschutz im Garten. Kosmos Verlag, Stuttgart

› Modeste, Herwig/Becker, Jürgen/
Keil, Gisela: Das große Ideenbuch
Garten und Terrasse. Becker-Joest-
Volk-Verlag, Hilden

› Reichert de Palacio, Silvia: Feng
Shui. Der Garten in Harmonie.
Gräfe und Unzer Verlag, München

› Englbrecht, Jolanda: Schattige
Gärten. Überraschend vielseitig.
Gräfe und Unzer Verlag, München

› Keil, Gisela: Garten-Glück. Große,
kleine und winzige Gärten voller
Phantasie. DVA Verlag, München

Zeitschriften

› Flora Garten
Gruner und Jahr AG & Co. KG
20444 Hamburg
www. flora.de

› Kraut & Rüben
DLV GmbH
80797 München
www.krautundrueben.de

› Mein schöner Garten
Burda Senator Verlag GmbH
77652 Offenburg
www.mein-schoener-garten.de

Bildnachweis

Bieker: 15/4, 22; Borkowki: 26/1;
Borstell: 18, 51re., 55/1, 55/2, 55/4;
GAP: U1, U4li.; 90b.; Hansen: 36,
49/2, 55/5, 56ob., Kl. hint.; Mauri-
tius: Kl. vorn1, 26/2, 37; Nickig: 3re.,
9mi., 38, 39, 53, 57; Redeleit: 23re.,
44, 56unt.; Romeis: U4re., 41, 42, 46;
Schick: 10, 17; Schneider-Will: U4mi.,
Kl. vorn 2, Kl. vorn 3, Kl. vorn 5; 2li.;
3mi., 7, 15/2, 15/5, 34, 43, 50, 52;
Strauß: Kl. vorn 4, 15/3, 24, 47, 49/1;
Strauß/GBA: 15/1, 23li., 40; The Gar-
den Collection: 1, 4, 6, 9unt., 16, 21,
31, 32, 33, 49/3, 51li., 55/3; Timmer-
mann: 12, 13li., 13re., 26/3, 35

Gartenlust pur

Die neuen Pflanzenratgeber – da steckt mehr drin

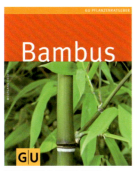

ISBN 978-3-8338-0530-1
64 Seiten

ISBN 978-3-8338-0876-0
64 Seiten

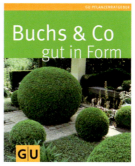

ISBN 978-3-8338-0532-5
64 Seiten

Preis je Band: 7,90 €

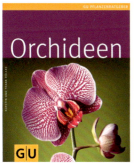

ISBN 978-3-8338-0527-1
64 Seiten

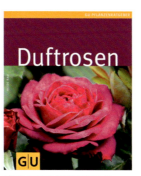

ISBN 978-3-8338-0529-5
64 Seiten

ISBN 978-3-8338-0533-2
64 Seiten

Änderungen und Irrtum vorbehalten.

Das macht sie so besonders:

Praxiswissen kompakt – vermittelt von GU-Gartenexperten

Praktische Klappen – alle Infos auf einen Blick

Die 10 GU-Erfolgstipps – so gedeihen Ihre Pflanzen gut

Willkommen im Leben.

IMPRESSUM

Unsere Garantie
Alle Informationen in diesem Ratgeber sind sorgfältig und gewissenhaft geprüft. Sollte dennoch einmal ein Fehler enthalten sein, schicken Sie uns das Buch mit dem entsprechenden Hinweis an unseren Leserservice zurück. Wir tauschen Ihnen den GU-Ratgeber gegen einen anderen zum gleichen oder ähnlichen Thema um.

Liebe Leserin und lieber Leser,
wir freuen uns, dass Sie sich für ein GU-Buch entschieden haben. Mit Ihrem Kauf setzen Sie auf die Qualität, Kompetenz und Aktualität unserer Ratgeber. Dafür sagen wir Danke! Wir wollen als führender Ratgeberverlag noch besser werden. Daher ist uns Ihre Meinung wichtig. Bitte senden Sie uns Ihre Anregungen, Ihre Kritik oder Ihr Lob zu unseren Büchern. Haben Sie Fragen oder benötigen Sie weiteren Rat zum Thema? Wir freuen uns auf Ihre Nachricht!

Wir sind für Sie da!
Montag–Donnerstag: 8.00–18.00 Uhr;
Freitag: 8.00–16.00 Uhr *(0,14 €/Min. aus dem dt. Festnetz/
Tel.: 0180-5 00 50 54* Mobilfunkpreise
Fax: 0180-5 01 20 54* können abweichen.)
E-Mail:
leserservice@graefe-und-unzer.de

P.S.: Wollen Sie noch mehr Aktuelles von GU wissen, dann abonnieren Sie doch unseren kostenlosen GU-Online-Newsletter und/oder unsere kostenlosen Kundenmagazine.

GRÄFE UND UNZER VERLAG
Leserservice
Postfach 86 03 13
81630 München

© 2007
GRÄFE UND UNZER VERLAG GmbH, München
Alle Rechte vorbehalten. Nachdruck, auch auszugsweise, sowie Verbreitung durch Film, Funk, Fernsehen und Internet, durch fotomechanische Wiedergabe, Tonträger und Datenverarbeitungssysteme jeglicher Art nur mit schriftlicher Genehmigung des Verlages.

Redaktion: Michael Eppinger
Lektorat: Barbara Kiesewetter
Bildredaktion: Daniela Laußer
Illustrationen: Claudia Schick
Umschlaggestaltung und Layout: independent Medien-Design, München
Herstellung: Gloria Pall
Satz: Liebl Satz+Grafik, Emmering
Reproduktion:
Longo AG, Bozen
Druck: Firmengruppe APPL, aprinta druck, Wemding
Bindung: Firmengruppe APPL, sellier druck, Freising

Printed in Germany

ISBN 978-3-8338-0785-5

2. Auflage 2008

Der Autor
Günther Sator ist einer der renommiertesten deutschsprachigen Feng-Shui-Experten. Er studierte bei Experten östlicher und westlicher Herkunft. Als Erster hat er Feng Shui für westliche Gartenbesitzer praktikabel gemacht. Er berücksichtigt bei seiner Beratung sowohl das äußere Umfeld als auch die innere Befindlichkeit der Menschen. Heute ist er einer der führenden westlichen Berater für Großunternehmen, Gewerbebetriebe und Privatkunden. Darüber hinaus gründete und leitete er die Feng Shui Academy in Wien und ist Autor zahlreicher Bücher.

Ein Unternehmen der
GANSKE VERLAGSGRUPPE